財務分析と定性分析による

入門！企業分析の手法と考え方

中島 久 著

はじめに——大学生に教えた企業分析

　本書は、金融機関の融資審査における企業分析の手法と考え方について、大学生を対象とした全15回の講義をベースに、全国信用金庫協会などで講師を務めている「目利き研修」のエッセンスを集約したものです。大学生向けの講義とはいっても、ごく一部を除いて、実務担当者を対象とする「目利き研修」と質的には差異化していません。その意味では、タイトルに「入門！」とうたっていますが、財務諸表の読み方といった初心者向けのレベルから、企業の定性分析の考え方という中堅の実務担当者向けのレベルまでをカバーしていると自負しています。矛盾した表現ですが、「高度な入門書」というのが本書のコンセプトです。

　「これで読める決算書」とか「財務がわかれば企業がわかる」といったテーマの本が数多く出版されています。「財務諸表が読めるようになりたい」という大きなニーズが市場にあるのでしょう。しかし、それらの書籍の中には、「どのように財務諸表を読むか」という方法論は書いてあっても、「何のために財務諸表を読むのか」という目的が明確ではないものが結構あります。本書も、財務諸表の読み方に多くを割いていますが、目的が欠如した方法論は無意味ですから、本書の２つの目的をここに明記しておきます。

　目的その１：倒産するおそれが大きい企業の選別
　目的その２：良好な企業の適正な評価

　目的その１の観点からは、企業の支払能力を検討するために、財務指標としてキャッシュフロー（経常収支）を重視した分析手法について述べています。金融機関の融資実務の大半がこのレベルで行われていると思いますが、意外に欠落しているのが目的その２の観点です。「悪い企

i

業」は目的その1の観点から認識できますが、「良い企業」とは何かという定義付けや客観化の努力が現場ではほとんど成されていません。それでいて、「あの企業は良い」という感覚的な表現が多用されています。そこで本書では、目的その2の観点から、マーケティング理論に基づく定性的な企業分析について解説しました。定量的な指標としては、総資産の運用効率を見るためにROA（総資産利益率）による収益性分析を重視するというのが、私の基本的なスタンスです。

　1990年代半ばから「担保がなくても融資はできる」というコンセプトの研修を勤務先や外部で実施してきました。担保や保証の必要性を否定していたわけではなく、「融資の可否判断が担保や保証の有無で下されるべきではない」と考えていたのです。また、「担保がないから倒産する」といった非論理的な言説を内外の研修などで耳にしていたことも影響していました。2003年から地域金融機関に要請されたリレーションシップバンキング（課題解決型金融）において、「担保や保証に過度に依存しない」融資が求められた時には「わが意を得た」という感がありました。

　本書の構成は大きく2つに分かれています。前半は融資判断における基本的な作業である財務諸表分析の手法について述べましたが、財務諸表論におけるような諸科目の説明は最低限に絞りました。まず財務諸表の仕組みとその読み方から入って、企業の支払能力（キャッシュフロー）の見極めという実践的な手法・技術の紹介に注力しています。

　後半では、企業の定性分析というテーマに、マーケティング理論を適用し、財務分析などの定量的分析結果と定性的な分析結果を融合して、企業評価・融資判断に至るまでの考え方について解説しています。前半で述べた財務分析の手法やその結果が、マーケティングの知識や分析手法にどう関連してくるのかを述べることを試みました。

私がいう「企業分析」は、財務諸表分析に経営の仕組み（マーケティング）の分析を加えて融合するもので、そこでは、論理性がベースとなると考えています。企業が将来に向って行う意思決定である経営戦略などを評価する場合、未来のことは最終的には誰にもわからないので、意思決定と企業行動の整合性に拠りどころを求めるしかないからです。

　分析とは、「原因となる現象と結果となる現象の関係を明らかにすること」です。その意味で、原因となる経営の仕組みである経営戦略やマーケティングのシステム（仕組み）と、結果である財務分析との関係を明らかにすることが企業分析の目的となります。財務諸表分析はあくまでも過去の分析です。企業分析における視点は、過去から現在を経由して未来に向かうべきものだと私は考えています。

　本文中のコラムは、講義などで使用する小ネタや講義から派生したテーマをまとめたものです。本文に入れると場合によっては解説の流れが停滞するため、コラムの形式を取りました。気楽に読んでいただいてかまいませんが、意外に重要なテーマを秘めたものもあります。

　また、本文中および巻末にまとめた「質疑応答」は、すべて大学生（2～4年生）からの質問を加工したものです。これを読むと、初心者の方がどんなところにどんな疑問を抱くのかがわかると思います（初心者の方が読むと、自分は何がわからなかったのかがわかるかもしれません）。講師を担当する方やOJTの指導者の方の参考になると考えて掲載しました。

　本書がタイトル通りに「入門書」として利用されれば幸いです。

2009年6月
中島　久

財務分析と定性分析による
入門! 企業分析の手法と考え方

Contents

はじめに——大学生に教えた企業分析

I 財務分析編

第1章 財務諸表の基礎知識 …… 3
1. 財務諸表＝決算書とは (3)
2. 貸借対照表の基礎知識 (5)
3. 損益計算書の基礎知識 (9)
4. 財務諸表の構造とその分析 (13)
5. 演習〜経営活動とＢＳ、ＰＬの動き (18)
6. 貸借対照表と損益計算書の仕組み (25)

第2章 財務分析の基礎 …… 31
1. 財務バランス (31)
2. 実数法と比率法 (32)
3. 安全性と収益性 (32)

第3章 支払能力の分析 …… 34
1. 実数法による支払能力の分析 (34)
2. 資金移動表による分析 (36)
3. キャッシュフロー計算と減価償却費 (47)
4. 資金移動表とキャッシュフロー計算書の違い (49)
5. 黒字倒産 (53)
6. キャッシュフローと粉飾決算 (55)
7. 経常運転資金を必要としない場合 (64)
8. 不健全資産の処理 (67)
9. インタレスト・カバレッジ・レシオと損益分岐点分析 (71)

第4章　比率法による財務分析 …… 78
　1．比率法の種類　(78)
　2．演習〜各種指標の算出　(84)
　3．収益性分析に使われる指標　(87)
　4．安全性分析に使われる指標　(90)

第5章　事例研究1
　　　──財務諸表の分析から融資の可否を決定する …… 95
　1．㈱Ａトレーディングの概要　(95)
　2．取引関係とヒアリング　(96)
　3．分析結果の例　(103)
　4．融資の可否判断の例　(104)

Ⅱ　マーケティング分析編

第6章　企業分析とマーケティング分析 …… 109
　1．金融機関と企業分析　(109)
　2．マーケティング分析の必要性　(110)
　3．同業他社との比較分析の事例　(112)

第7章　マーケティング分析とは …… 117
　1．マーケティングとは　(117)
　2．進化するマーケティングの定義　(119)
　3．戦略的マーケティングとは　(123)
　4．企業を方向付ける「経営理念」　(124)
　5．「戦略」と「戦術」の違い　(128)
　6．「マーケティング・ミックス＝４Ｐ」と全体戦略　(129)

第8章　定性的な企業分析の考え方 …… 133
　1．企業のポジショニングの確認　(133)
　2．ポートフォリオ分析　(136)

3．製品ライフサイクルによる分析　(141)
　　4．ポジショニングとトレンドの関係　(147)
　　5．キャッシュフローの読み方　(150)
　　6．企業業績の推移～売上高成長率の読み方　(153)

第9章　経営戦略と財務分析の接点 …………………………… 156
　　1．マイケル・E・ポーターの競争戦略　(156)
　　2．ポーターの基本戦略とＲＯＡ　(160)

第10章　業界・業種・企業の特徴把握 ……………………… 164
　　1．製品の類型　(164)
　　2．製品の面からのマーケティング分析　(168)
　　3．業種・企業の特徴がわかる売上高総利益率　(173)
　　4．流通面からの分析　(174)
　　5．プロモーションの分析　(180)

第11章　企業の総合評価 ……………………………………… 184
　　1．企業の内外の環境分析　(184)
　　2．良い事業計画と悪い事業計画　(186)

第12章　事例研究2
　　　　　──定量分析と定性分析を組み合わせて評価する … 191
　　1．㈱Bストアの企業概要　(191)
　　2．分析結果の例　(198)

Ⅲ　融資の基礎知識編

第13章　融資とは ……………………………………………… 203
　　1．金融機関と融資　(203)
　　2．企業が融資を必要とするわけ　(205)
　　3．企業分析の目的は倒産する企業への融資を避けること　(208)

第14章　融資の分類と基本原則 210
1．資金使途等による分類　(210)
2．融資の基本原則（5原則）　(213)
3．貸出の形態による分類　(216)

付　録
1　株主資本等変動計算書の例　(221)
2　個別注記表の例　(222)
3　製造原価の算出の仕組みと製造原価報告書の例　(226)
4　約束手形・小切手の例　(227)
5　学生の方の質問から　(228)

終わりに──学習の目的を明確に

I
財務分析編

Introduction

　"はじめに"で述べたように、「企業分析の目的その1：倒産するおそれが大きい企業の選別」という観点に立つ場合、企業の支払能力の検討が必要になります。企業は赤字で倒産するわけではなく、支払能力を喪失した場合に倒産するからです。支払能力を如実に示すのがキャッシュフローです。そのため、本書では比率法ではなく、実数法の分析であるキャッシュフロー分析に重点を置いて記述しています。

　ここでいうキャッシュフローは、いわゆる簡便法キャッシュフロー（当期純利益＋減価償却費）ではなく、資金移動表分析における経常収支です。簡便法キャッシュフローは、現場では一般的に利用されているようですが、本書ではその限界について指摘しています。また、営業キャッシュフローではなく、経常収支を採用する理由についても説明しています。

第1章
財務諸表の基礎知識

1. 財務諸表＝決算書とは

■■ 中小企業が作成しなければならない4つの財務諸表

　財務諸表（financial statement）、いわゆる企業の「決算書」は、融資判断における最大の情報源となる資料です。中小企業は、会社法に基づいて財務諸表を作成することが求められていますが、会社法で作成が求められる財務諸表は、「貸借対照表」、「損益計算書」、「株主資本等変動計算書」、「個別注記表」の4種類です。金融商品取引法（旧証券取引法）の適用を受ける企業（株式公開企業）は、貸借対照表、損益計算書、株主資本等変動計算書、附属明細表の他に「キャッシュフロー計算書」の作成が義務づけられています。

　4種類の財務諸表のうち、株主資本等変動計算書は、一会計期間における変動額のうち、主として株主資本の各項目の変動事由を報告するために作成されるもので、2006年5月の会社法の施行によって、利益処分計算書（損失処理計算書）に代わって登場しました。同法の施行によって、期中でも配当など従来の利益処分に当たる取引ができるようになりました。そのため、決算によって確定した利益の処分の内容を記述する利益処分計算書に代わって、期中の純資産の変動を適切に把握するという必要性から新たに株主資本等変動計算書の作成が求められることになったのです。

　個別注記表も、会社法の施行によって設定された財務諸表で、重要な

会計方針に関する注記、貸借対照表に関する注記、損益計算書に関する注記など、これまで各財務諸表に記載されていた注記を一覧にしたものです（株主資本等変動計算書と個別注記表については、巻末の「付録」

図表1－1 貸借対照表の例

(平成X1年5月31日現在) （単位：百万円）

科　　目	金　額	科　　目	金　額
（資産の部）		（負債の部）	
流　動　資　産	32,625	流　動　負　債	18,174
現金及び預金	15,173	支　払　手　形	2,901
受　取　手　形	594	買　掛　金	5,164
売　掛　金	15,051	1年以内返済予定の長期借入金	100
商　　　　品	24	未　払　金	5,580
製　　　　品	137	未　払　法　人　税　等	1,418
仕　掛　品	618	未　払　消　費　税　等	54
貯　蔵　品	340	未　払　費　用	1,024
前　払　費　用	68	預　り　金	20
繰　延　税　金　資　産	528	役　員　賞　与　引　当　金	41
そ　の　他	89	設　備　関　係　支　払　手　形	1,863
貸　倒　引　当　金	▲2	そ　の　他	6
固　定　資　産	34,451	固　定　負　債	1,292
有　形　固　定　資　産	30,946	長　期　借　入　金	350
建　　　　物	9,885	退　職　給　付　引　当　金	841
構　　築　　物	747	役員退職慰労引当金	100
機　械　装　置	14,153	負　債　合　計	19,467
車　両　運　搬　具	36	（純資産の部）	
工　具　器　具　備　品	507	株　主　資　本	47,448
土　　　　地	1,629	資　本　金	18,824
建　設　仮　勘　定	3,986	資　本　剰　余　金	18,778
無　形　固　定　資　産	1,678	資　本　準　備　金	18,778
電　話　加　入　権	0	利　益　剰　余　金	13,245
水　道　施　設　利　用　権	919	利　益　準　備　金	689
ソ　フ　ト　ウ　ェ　ア	522	その他利益剰余金	12,555
そ　の　他	235	別　途　積　立　金	5,600
投　資　そ　の　他　の　資　産	1,826	繰　越　利　益　剰　余　金	6,955
投　資　有　価　証　券	705	自　己　株　式	▲3,398
差　入　保　証　金	45	評価・換算差額等	160
長　期　前　払　費　用	33	その他有価証券評価差額金	160
繰　延　税　金　資　産	997	純　資　産　合　計	47,609
そ　の　他	51		
貸　倒　引　当　金	▲6		
資　産　合　計	67,076	負債及び純資産合計	67,076

(注) 記載金額は表示単位未満を切り捨てて表示しており、下一桁に誤差があります。

に書式を掲載しました)。

　いずれも重要な書類ですが、融資審査において特に重要なのは貸借対照表と損益計算書です。この2つを読みこなすことができれば、融資判断の基本的なところは修得できたといえますので、ここでは貸借対照表と損益計算書の読み方について述べていきます。

∷ 貸借対照表と損益計算書

　貸借対照表(賃借ではありません)は、期末における企業の財政状態(資産・負債・純資産)を示す財務諸表です。英語では balance sheet といい、BS（ビーエス）と略称されます。損益計算書は、一会計期間における企業の経営成績を示す財務諸表で、収益と費用とを対比して、その差額としての利益または損失を表示します。英語では profit and loss statement で、PL（ピーエル）とも呼ばれます[*1]。

　　＊1　貸借対照表は position statement、損益計算書は income statement ともいう。

2. 貸借対照表の基礎知識

∷ 貸借対照表はある一時点のストックを表したもの

　貸借対照表はある一時点（通常は決算期）における企業の財政状態を示すもので、資産と負債・純資産の残高を表す「ストック」の概念です。資産の部、負債の部、純資産の部に大別され、表の左側、資産の部の側を借方（debtor）、表の右側、負債と純資産の部の側を貸方（creditor）といいます。借方合計金額と貸方合計金額は必ず一致します。つまり、貸借対照表の左右は常にバランスす

第1章　財務諸表の基礎知識　　5

るのです。そのため、貸借対照表は「バランス・シート」と呼ばれるのです。

　左側の借方、資産の部は資金の運用状態を示し、右側の貸方、負債の部と純資産の部は資金の調達状態を示します。負債の代表が金融機関からの借入金です。純資産の部は、Ⅰ．株主資本、Ⅱ．評価・換算差額等、Ⅲ．新株予約権に分かれますが、基本的には資本金と企業が蓄積してきた利益（内部留保）から成る利益剰余金が中心です。

　貸借対照表は、企業が資本金と利益と負債の形で調達した資金を、どのように運用したかを表していると理解してください。

図表１－２　貸借対照表の構造

借方（資金運用形態）	貸方（資金調達源泉）
資　産　　　　　　←	負　債 （返済義務のある資金）
←	純資産 株主資本 利益剰余金 （返済義務のない資金）

■■ 貸借対照表のルール１：ワン・イヤー・ルールと営業循環基準

　前述のように、貸借対照表は期末における企業の財政状態（ストック）を示す財務諸表です。大項目として「資産の部」、「負債の部」、「純資産の部」があります。資産の部は流動資産、固定資産、繰延資産の３つに区分されます。負債の部は流動負債、固定負債に区分され、純資産の部は株主資本、評価・換算差額等、新株予約権に区分されます。

貸借対照表	
資産の部	負債の部
流動資産	流動負債
	固定負債
固定資産	純資産の部
有形固定資産	株主資本
無形固定資産	評価・換算差額等
繰延資産	新株予約権

　貸借対照表の「資産」と「負債」の科目は、それぞれ「流動」と「固定」に大別されます。両者を分ける基準が、ワン・イヤー・ルールと営業循環基準です。

❶ ワン・イヤー・ルール（1年基準）

　貸借対照日の翌日から1年以内に回収されるか、支払われるかによって、資産・負債を流動項目と固定項目に区分する基準です。貸付金、借入金、差入保証金、受入保証金や、次に述べる営業循環基準が適用されない未収金、未払金などが対象となります。

❷ 営業循環基準

　営業取引上の債権・債務や棚卸資産など、営業取引の継続的、反復的な循環過程の中にあるものについては、ワン・イヤー・ルールを適用せず、流動資産または流動負債に分類するというルールです。営業関係以外の科目については、1年以内は流動、1年超は固定とするということです。

　受取手形、売掛金、前払金、支払手形、買掛金、前受金など営業取引によって発生した債権債務が該当します。棚卸資産も営業循環過程内にある資産ですから、恒常在庫品として保有するもの、または余剰品として長期間保有するものであっても、固定資産とせずに流動資産に含ませます。

> **質疑応答**
>
> Q：ワン・イヤー・ルールや営業循環基準によって、何が明瞭になるのでしょうか。そのメリットがよくわかりませんでした。
> A：ワン・イヤー・ルールも営業循環基準も、単なる会計上のルール（決め事）ですから、それによって何かが明らかになるとか、メリットが生じるといったことではありません。野球で、ボールを打ったら3塁ではなく1塁に向かって走るという原則や内野と外野の区別みたいなものといってもいいでしょう。これらのルールに基づいて貸借対照表が作成されていることによって、後で述べる財務バランス（流動性バランス）などの財務分析における視点が形成されています。内野・外野の区別に基づいて守備隊形が形成されているのと同じです。

■■ 貸借対照表のルール2：流動性配列法

　資産と負債の項目の配列は、企業会計原則[*2]の規定によって「原則として、流動性配列法による」ことになっています[*3]。

　流動性とは、現金に近い順という意味で、流動性配列とは、資産の場合は現金を筆頭として資金化しやすいものから配列し、負債の場合は支払手形から始まって資金の支払要求の強いものから配列することです。

　流動資産の場合、「現金預金→受取手形→売掛金→棚卸資産（商品・製品→半製品→原材料→仕掛品）→短期投資（貸付金等）」、流動負債の場合、「支払手形→買掛金→短期借入金→未払金→未払費用」といった順番の配列になります。

　流動性配列法は貸借対照表の区分にも適用され、資産の部は「流動資産→固定資産→繰延資産」、負債の部は「流動負債→固定負債」と配列されます。ただし、固定資産の内訳は流動性よりも重要性を優先して、「有形固定資産→無形固定資産→投資その他の資産」と配列するのが一般的です。有形固定資産は、資金化という立場からすれば耐用年数の短い項目から配列するべきかもしれませんが、実際には「建物→構築物→機械及び装

置→車両→工具器具備品→土地→建設仮勘定」という配列が多数派です。

* 2　企業が会計業務を実施する場合の基本的なルール。1949（昭和24）年に経済安定本部企業会計制度対策調査会の中間報告として設定され、その後、大蔵省企業会計審議会が改正を加えていった。
* 3　流動性配列法の反対が、固定性配列法である。電気事業、ガス事業、学校法人では、固定資産のウエイトが高く重要性があるため、固定資産→流動資産、固定負債→流動負債のような配列となる。ただし、流動資産、流動負債の中の項目は流動性配列法によっている。

　中小企業の財務諸表の大半は税理士が作成しているので、形式的にはきちんとしています。中には「個性的」なものもありますが、印象は良くありません。2005年8月には、日本公認会計士協会などによって「中小企業の会計に関する指針」が公表されており、今後は形式的にも内容的にも信頼感のある財務諸表を作成しなければ、資金調達（借入）において不利になってくるでしょう。

3. 損益計算書の基礎知識

■■ 損益計算書は一定期間の「フロー」を表す

　貸借対照表が企業の財政状態（ストック）を示すのに対して、損益計算書は一定期間における企業の経営成績を表すもので、「フロー」の概念です。一会計期間の利益とその発生原因を明らかにするために、その期間に発生した収益とそれに対応する費用を1つの表にまとめて記載したものです。

　損益計算においては、次の基本算式で利益が求められます。

　収益－費用＝利益

　計算結果がマイナスになれば、利益ではなく損失となります。シンプルですが、非常に重要な式です。

図表1-3 損益計算書の例

(平成X0年6月1日から平成X1年5月31日まで) （単位：百万円）

科　目	金　額	
売　上　高		38,339
売　上　原　価		31,558
売　上　総　利　益		6,781
販売費及び一般管理費		2,355
営　業　利　益		4,426
営　業　外　収　益		
受取利息及び配当金	10	
為　替　差　益	55	
そ　の　他	43	109
営　業　外　費　用		
支　払　利　息	17	
新　株　発　行　費	96	
そ　の　他	161	275
経　常　利　益		4,259
特　別　利　益		
固　定　資　産　売　却　益	4	
貸　倒　引　当　金　戻　入　益	13	
国　庫　補　助　金　収　入	37	
そ　の　他	21	76
特　別　損　失		
固　定　資　産　除　売　却　損	147	
減　損　損　失	116	
固　定　資　産　圧　縮　損	34	
そ　の　他	17	316
税引前当期純利益		4,019
法人税、住民税及び事業税		2,060
法　人　税　等　調　整　額		▲400
当　期　純　利　益		2,360

■■ 損益計算書の「5つの利益」で分析

損益計算書には、次の**図表1-4**のように5つの利益が表示されます。この5つの利益の関係を図表化したのが、12ページの**図表1-5**です。

図表1-4　各段階の利益

```
Ⅰ  売上高              ←---本業における儲け
Ⅱ  売上原価            ←---売上に対応するコスト（製品の製造原価・商
                            品仕入原価等）
    売上総利益
Ⅲ  販売費及び一般管理費  ←---営業活動にかかる販売コスト、管理コスト
    営業利益
Ⅳ  営業外収益          ←---営業外活動における儲け（受取利息、受取配
                            当金等）
Ⅴ  営業外費用          ←---営業外活動におけるコスト（支払利息等）
    経常利益
Ⅵ  特別利益            ←---臨時に発生した利益（固定資産売却益等）
Ⅶ  特別損失            ←---臨時に発生したコスト（固定資産売却損、災
                            害等による損失等）
    税引前当期純利益
    法人税、住民税及び事業税
    法人税等調整額
    当期純利益
```

　損益計算書による財務分析においては、下の算式のように分母に売上高を置き、分子に各利益を置いて計算する「売上高○○利益率」という収益性を分析する財務指標がポピュラーです。どの利益を重視するかは分析の目的、視点の置き方によって異なってきます。

$$売上高○○利益率 = \frac{○○利益}{売上高} \times 100$$

5つの利益

　売上総利益は、売上高から売上原価を差し引いたもので、売上高総利益率は企業の基本的な収益力を示しています。この指標が業界平均などと比べて高い場合、当該企業の販売力や競争力が強いと考えられます。ただ、意識的に総利益率を低めにして販売量を増加させることを狙っている企業もあります。こうした点は企業の経営戦略などと併せて判断する必要があります。

　売上高営業利益率は、本業に投下した費用である販売費及び一般管理

図表1-5 5つの利益

売上高	売上原価				
	売上総利益（粗利益）	販売費及び一般管理費			
		営業利益	営業外損益		
			経常利益	特別損益	
				税引前当期純利益	法人税等
					当期純利益

費を売上総利益から控除した営業利益が分子ですから、本業部分の収益性を表しているといえます。

　売上高経常利益率は、営業利益に受取利息や支払利息などの営業外損益を加減算した経常利益が分子に置かれます。雑収入なども営業外損益に含まれますから、貸借対照表の資産や負債の状態を含めた企業の総合的な収益性を示しているといえます。

　当期純利益は、ボトム・ライン（bottom line）とも呼ばれる最終利益です。すでに利息の支払など負債のコストや税金費用が控除されているため、資本金の出資者である株主に帰属する利益といえます[*4]。そこで、売上高対比でこの利益の比率を見るほかに、自己資本（株主資本）に対する当期純利益の比率を見る「ROE」（Return On Equity：自己資本利益率）などの財務指標も投資判断などの材料として使われています。

　＊4　当期純利益が赤字になり、配当原資がなければ、株主は配当を受けることがで

きない。また、企業側には株主に対して元本である資本の返済義務もない。これに対して、企業は借入金の元本について返済義務を負っていて、借入金の利息も営業外費用の段階で支払うことになる。つまり、株主に帰属する利益である当期純利益の段階では、すでに利息の支払が終了しているわけである。株主は金融機関などの資金提供者（負債の提供者）と比べ、多くのリスクを取っているということで、これを「負債はリスクを負担しない」と表現する。企業が債務超過（26ページ参照）の状態に陥ると、負債の返済が危うくなる。負債の提供者となる金融機関が、債務超過の企業を敬遠するのはこのためである。

4. 財務諸表の構造とその分析

■■ 貸借対照表と損益計算書の関係

　簿記（複式簿記）とは、財務諸表を作成する技法です。ドイツの作家、ゲーテ（1747-1832）は、複式簿記について「人間の精神が産んだ最高の発明の一つ」と、その著書『ヴィルヘルム・マイスターの修行時代』（山崎章輔訳・岩波文庫）の中で賞賛しています。

　複式簿記においては、1つの取引を2つの側面からとらえて記録します。2つの側面とは、資産・負債・純資産・収益・費用のいずれかです。たとえば、200万円の融資を受けて、同金額が預金口座に振り込まれた場合、借入金（負債）が200万円増加し、同時に現金・預金（資産）が200万円増加します。

貸借対照表

(単位：万円)

資　産	負　債
現金・預金　200 売掛金 商　品 備　品 建　物	買掛金 借入金　200 未払金
	純資産
	資本金 利　益
合　計	合　計

　次に、この200万円のうち、100万円で車両を購入した場合、預金（資

産)が100万円減少し、同時に資産勘定である車両が100万円増加します。

貸借対照表

(単位：万円)

資　　産	負　　債
現金・預金　100 売掛金 商　　品 備　　品 建　　物 車　　両　　100	買掛金 借入金　　200 未払金
	純資産
	資本金 利　益
合　計	合　計

　このように、各種の取引は、資産・負債・純資産・収益・費用の増加・減少（資産・負債・純資産の場合）、発生（収益・費用の場合）として記録され、残高試算表の形で集計されます。貸借対照表と損益計算書は、簡単にいえば残高試算表を**図表1－6**のように分割したものです。

　左側の借方は資金の運用状態を示し、右側の貸方は資金の調達状態を示しますから、残高試算表においては、資金の使い道を示す費用は借方になり、資金の調達にあたる収益は貸方になります。残高試算表のフォームから分かるように、資産・負債・純資産・収益・費用の関係は以下のようになります。

　　資産＋費用＝負債＋純資産＋収益　…①

　この式を変形すると、以下のように利益の定義式が導かれます。

　　資産－負債－純資産＝収益－費用＝利益（損失）　…②

　もう一度**図表1－6**を見てください。残高試算表を上下に分けた上の部分が貸借対照表で、下の部分が損益計算書になります。算式①から明らかなように、両者の重なる部分にあるのが利益です（厳密には、損益計算書上の当期純利益と貸借対照表の利益準備金に含まれる当期純利益です）。

図表1-6 残高試算表とBS・PL

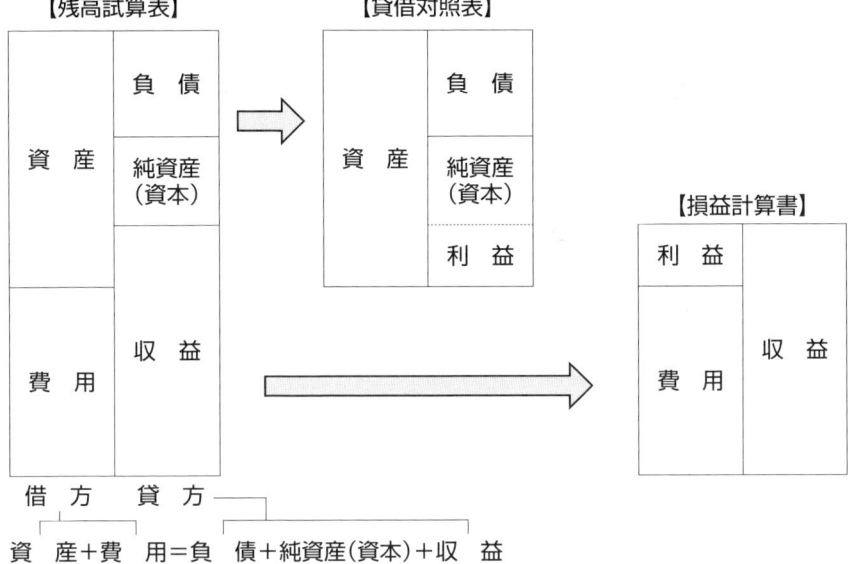

資　産＋費　用＝負　債＋純資産(資本)＋収　益

資　産－負　債－純資産(資本)＝収　益－費　用＝利益(損失)

質疑応答

Q：費用、収益と損益という言葉の使い方がわかりません。
A：収益と費用を合わせて損益といいます。たとえば営業収益と営業費用を合わせて「営業損益」、営業外収益と営業外費用を合わせて「営業外損益」といいます。

Q：日本では経常利益を重視し、アメリカでは重視しないと聞いたことがあるのですが？
A：会計制度の違いで、アメリカには利益項目として経常利益に相当するものがありません。アメリカでは"bottom line"と呼ばれる当期純利益が重視されますが、これは日本よりも株主志向が強いためではないかと思います。日本企業はアメリカと違って金融資産への投資が多いので、営業外損益に含まれる金融収益・金融費用が反映する経常利益

が重視されるのでしょう。
　財務分析においては会計制度や簿記のルールにかかわらず、事業利益（営業利益＋金融収益）など、ＰＬの利益項目にない概念を利用する場合があることも承知しておいてください。

■■ 簿記の初歩の初歩

　本書では、簿記について詳しく触れませんが、複式簿記の基本的な仕組みだけを説明しておきます。

勘　定	
借　方	貸　方

　簿記では、右のような「Ｔ勘定」という形式を使って取引を記録します。Ｔ勘定では、２つの記入場所の一方に増加額を、他方に減少額を記入します。たとえば、資産の増加なら借方に記入し、資産の減少なら貸方に記入します。これを仕訳といいます。資産・負債・純資産・収益・費用の５種類について、それぞれ記入方法が決まっています。具体的には、以下のとおりです。

【資　産】	
増　加	減　少

【負　債】	
減　少	増　加

【純資産】	
減　少	増　加

【費　用】	
発　生	（減　少）

【収　益】	
（減　少）	発　生

　ある取引が借方と貸方のどちらに入るのかわからなくなってしまう人がよくいますが、これは残高試算表のフォームを覚えておけば簡単に解決できます。残高試算表では資産と費用が借方ですから、資産と費用の増加は借方、減少は貸方に記入します。同様に負債・純資産・収益は貸

方ですから、それらの増加は貸方、減少は借方に記入されます。

たとえば、前述のように200万円の融資を受けて、同金額が預金口座に振り込まれた場合、借入金（負債）が200万円増加し、預金（資産）が200万円増加したわけですから、T勘定には、以下のように記入されます。

この200万円で車両を買えば、預金（資産）200万円の減少と車両（資産）200万円の増加ですから、以下のように記入されます。

簿記については、最低限この仕組みを理解しておけば十分だと思います。

質疑応答

Q：社会人としては、簿記は2級まで必要なのか、3級でも良いのか教えてください。また、金融機関に勤めなくても財務諸表は読めないと困りますか。

A：私は簿記を学んだことがないので、2級と3級の区別がつきません。簿記3級の試験を受けても合格できないでしょうが、それでも財務分析はできます。

　社会人にも簿記の知識がない人、財務諸表が読めない人はたくさんいます。だから、「決算書が3日でわかる本」といった書籍が数多く出版されているのでしょう。ただ、仕事（職種）によっては簿記の知識がなくても別に困らないということもありますが、一般的には簿記

第1章　財務諸表の基礎知識

の知識はなくても、財務諸表は読めたほうがいろいろな意味で便利だし、有利だと思います。
　金融機関にも私のように簿記の知識がない人はいますが、財務諸表は読めないと困るでしょうね。

5. 演習～経営活動とBS、PLの動き

　経営活動が、財務諸表にどのように反映されるかを、次の演習でとらえてみましょう。①～⑩の取引に応じて、（　　）内に数値を記入してください。この演習が完璧にできる必要はありません。ＢＳとＰＬの関係を感覚的に理解していただければ結構です。

■■ 簡単なシミュレーションで見る経営活動とＢＳ、ＰＬの動き
　Ａ氏が会社を設立し、営業開始の準備をする段階から考えてみます。

①　Ａ氏が現金1,000万円を元手にして会社を設立した。

貸借対照表　　　　　　　　　　（単位：万円）

資　産	負　債
現　金（　　　　）	買掛金
売掛金	借入金
商　品	未払金
備　品	純資産
建　物	資本金（　　　　） 利　益
合　計（　　　　）	合　計（　　　　）

損益計算書　　　　　　　　　　（単位：万円）

費　用	収　益
売上原価 諸経費	売上高
利　益	
利　益	
合　計	合　計

18　｜　Ⅰ 財務分析編

② 営業に必要な備品を現金200万円で購入した。

貸借対照表 (単位：万円)

資　産	負　債
現　金（　　　） 売掛金 商　品 備　品（　　　） 建　物	買掛金 借入金 未払金
	純資産
	資本金（　　　） 利　益
合　計（　　　）	合　計（　　　）

損益計算書 (単位：万円)

費　用	収　益
売上原価 諸経費	売上高
利　益	
利　益	
合　計	合　計

③ 商品を現金650万円で仕入れた。

貸借対照表 (単位：万円)

資　産	負　債
現　金（　　　） 売掛金 商　品（　　　） 備　品（　　　） 建　物	買掛金 借入金 未払金
	純資産
	資本金（　　　）
合　計（　　　）	合　計（　　　）

損益計算書 (単位：万円)

費　用	収　益
売上原価 諸経費	売上高
利　益	
利　益	
合　計	合　計

④ 商品100万円分を現金150万円で販売した。

貸借対照表 (単位：万円)

資　産	負　債
現　金（　　　） 売掛金 商　品（　　　） 備　品（　　　） 建　物	買掛金 借入金 未払金
	純資産
	資本金（　　　） 利　益（　　　）
合　計（　　　）	合　計（　　　）

損益計算書 (単位：万円)

費　用	収　益
売上原価（　　　） 諸経費	売上高（　　　）
利　益	
利　益（　　　）	
合　計（　　　）	合　計（　　　）

⑤ 商品280万円分を仕入れ、100万円は現金で支払い、残額は掛けとした。

<table>
<tr><th colspan="4">貸借対照表 (単位：万円)</th></tr>
<tr><th colspan="2">資　産</th><th colspan="2">負　債</th></tr>
<tr><td>現　金</td><td>(　　　)</td><td>買掛金</td><td>(　　　)</td></tr>
<tr><td>売掛金</td><td>(　　　)</td><td>借入金</td><td>(　　　)</td></tr>
<tr><td>商　品</td><td>(　　　)</td><td>未払金</td><td>(　　　)</td></tr>
<tr><td>備　品</td><td>(　　　)</td><td colspan="2">純資産</td></tr>
<tr><td>建　物</td><td>(　　　)</td><td>資本金</td><td>(　　　)</td></tr>
<tr><td></td><td></td><td>利　益</td><td>(　　　)</td></tr>
<tr><td>合　計</td><td>(　　　)</td><td>合　計</td><td>(　　　)</td></tr>
</table>

<table>
<tr><th colspan="4">損益計算書 (単位：万円)</th></tr>
<tr><th colspan="2">費　用</th><th colspan="2">収　益</th></tr>
<tr><td>売上原価</td><td>(　　　)</td><td>売上高</td><td>(　　　)</td></tr>
<tr><td>諸経費</td><td></td><td></td><td></td></tr>
<tr><td colspan="2">利　益</td><td></td><td></td></tr>
<tr><td>利　益</td><td>(　　　)</td><td></td><td></td></tr>
<tr><td>合　計</td><td>(　　　)</td><td>合　計</td><td>(　　　)</td></tr>
</table>

⑥ 商品500万円分を750万円で販売し、500万円は現金で受け取り、残額は掛けとした。

<table>
<tr><th colspan="4">貸借対照表 (単位：万円)</th></tr>
<tr><th colspan="2">資　産</th><th colspan="2">負　債</th></tr>
<tr><td>現　金</td><td>(　　　)</td><td>買掛金</td><td>(　　　)</td></tr>
<tr><td>売掛金</td><td>(　　　)</td><td>借入金</td><td>(　　　)</td></tr>
<tr><td>商　品</td><td>(　　　)</td><td>未払金</td><td>(　　　)</td></tr>
<tr><td>備　品</td><td>(　　　)</td><td colspan="2">純資産</td></tr>
<tr><td>建　物</td><td>(　　　)</td><td>資本金</td><td>(　　　)</td></tr>
<tr><td></td><td></td><td>利　益</td><td>(　　　)</td></tr>
<tr><td>合　計</td><td>(　　　)</td><td>合　計</td><td>(　　　)</td></tr>
</table>

<table>
<tr><th colspan="4">損益計算書 (単位：万円)</th></tr>
<tr><th colspan="2">費　用</th><th colspan="2">収　益</th></tr>
<tr><td>売上原価</td><td>(　　　)</td><td>売上高</td><td>(　　　)</td></tr>
<tr><td>諸経費</td><td></td><td></td><td></td></tr>
<tr><td colspan="2">利　益</td><td></td><td></td></tr>
<tr><td>利　益</td><td>(　　　)</td><td></td><td></td></tr>
<tr><td>合　計</td><td>(　　　)</td><td>合　計</td><td>(　　　)</td></tr>
</table>

⑦ 諸経費を現金で150万円支払った。

<table>
<tr><th colspan="4">貸借対照表 (単位：万円)</th></tr>
<tr><th colspan="2">資　産</th><th colspan="2">負　債</th></tr>
<tr><td>現　金</td><td>(　　　)</td><td>買掛金</td><td>(　　　)</td></tr>
<tr><td>売掛金</td><td>(　　　)</td><td>借入金</td><td>(　　　)</td></tr>
<tr><td>商　品</td><td>(　　　)</td><td>未払金</td><td>(　　　)</td></tr>
<tr><td>備　品</td><td>(　　　)</td><td colspan="2">純資産</td></tr>
<tr><td>建　物</td><td>(　　　)</td><td>資本金</td><td>(　　　)</td></tr>
<tr><td></td><td></td><td>利　益</td><td>(　　　)</td></tr>
<tr><td>合　計</td><td>(　　　)</td><td>合　計</td><td>(　　　)</td></tr>
</table>

<table>
<tr><th colspan="4">損益計算書 (単位：万円)</th></tr>
<tr><th colspan="2">費　用</th><th colspan="2">収　益</th></tr>
<tr><td>売上原価</td><td>(　　　)</td><td>売上高</td><td>(　　　)</td></tr>
<tr><td>諸経費</td><td>(　　　)</td><td></td><td></td></tr>
<tr><td colspan="2">利　益</td><td></td><td></td></tr>
<tr><td>利　益</td><td>(　　　)</td><td></td><td></td></tr>
<tr><td>合　計</td><td>(　　　)</td><td>合　計</td><td>(　　　)</td></tr>
</table>

Ⅰ 財務分析編

⑧ 横浜信用金庫から1,000万円借り入れ、現金で受け取った。

貸借対照表　　　　　　　　（単位：万円）

資　産	負　債
現　金（　　　） 売掛金（　　　） 商　品（　　　） 備　品（　　　） 建　物（　　　）	買掛金（　　　） 借入金（　　　） 未払金（　　　）
	純資産
	資本金（　　　） 利　益（　　　）
合　計（　　　）	合　計（　　　）

損益計算書　　　　　　　　（単位：万円）

費　用	収　益
売上原価（　　　） 諸経費（　　　）	売上高（　　　）
利　益	
利　益（　　　）	
合　計（　　　）	合　計（　　　）

⑨ 建物を建てたが、その代金900万円のうち700万円を現金で支払った。

貸借対照表　　　　　　　　（単位：万円）

資　産	負　債
現　金（　　　） 売掛金（　　　） 商　品（　　　） 備　品（　　　） 建　物（　　　）	買掛金（　　　） 借入金（　　　） 未払金（　　　）
	純資産
	資本金（　　　） 利　益（　　　）
合　計（　　　）	合　計（　　　）

損益計算書　　　　　　　　（単位：万円）

費　用	収　益
売上原価（　　　） 諸経費（　　　）	売上高（　　　）
利　益	
利　益（　　　）	
合　計（　　　）	合　計（　　　）

⑩ 商品200万円分を300万円で販売し、全額掛けとした。

貸借対照表　　　　　　　　（単位：万円）

資　産	負　債
現　金（　　　） 売掛金（　　　） 商　品（　　　） 備　品（　　　） 建　物（　　　）	買掛金（　　　） 借入金（　　　） 未払金（　　　）
	純資産
	資本金（　　　） 利　益（　　　）
合　計（　　　）	合　計（　　　）

損益計算書　　　　　　　　（単位：万円）

費　用	収　益
売上原価（　　　） 諸経費（　　　）	売上高（　　　）
利　益	
利　益（　　　）	
合　計（　　　）	合　計（　　　）

記入が終わったら、次ページの解答と答え合わせをしてみて下さい。

第1章　財務諸表の基礎知識

① A氏が現金1,000万円を元手にして会社を設立した。

貸借対照表　　　　　　　　　　　　　(単位：万円)

資　産		負　債	
現　金	1,000	買掛金	
売掛金		借入金	
商　品		未払金	
備　品		純資産	
建　物		資本金	1,000
		利　益	
合　計	1,000	合　計	1,000

損益計算書　　　　　　　　　　　　　(単位：万円)

費　用		収　益	
売上原価		売上高	
諸経費			
利　益			
利　益			
合　計		合　計	

② 営業に必要な備品を現金200万円で購入した。

貸借対照表　　　　　　　　　　　　　(単位：万円)

資　産		負　債	
現　金	800	買掛金	
売掛金		借入金	
商　品		未払金	
備　品	200	純資産	
建　物		資本金	1,000
		利　益	
合　計	1,000	合　計	1,000

損益計算書　　　　　　　　　　　　　(単位：万円)

費　用		収　益	
売上原価		売上高	
諸経費			
利　益			
利　益			
合　計		合　計	

③ 商品を現金650万円で仕入れた。

貸借対照表　　　　　　　　　　　　　(単位：万円)

資　産		負　債	
現　金	150	買掛金	
売掛金		借入金	
商　品	650	未払金	
備　品	200	純資産	
建　物		資本金	1,000
		利　益	
合　計	1,000	合　計	1,000

損益計算書　　　　　　　　　　　　　(単位：万円)

費　用		収　益	
売上原価		売上高	
諸経費			
利　益			
利　益			
合　計		合　計	

④ 商品100万円分を現金150万円で販売した。

貸借対照表　　　　　　　　　　　　　(単位：万円)

資　産		負　債	
現　金	300	買掛金	
売掛金		借入金	
商　品	550	未払金	
備　品	200	純資産	
建　物		資本金	1,000
		利　益	50
合　計	1,050	合　計	1,050

損益計算書　　　　　　　　　　　　　(単位：万円)

費　用		収　益	
売上原価	100	売上高	150
諸経費			
利　益			
利　益	50		
合　計	150	合　計	150

⑤ 商品280万円分を仕入れ、100万円は現金で支払い、残額は掛けとした。

貸借対照表　　　　　　　　　　　　　(単位：万円)

資　産		負　債	
現　金	200	買掛金	180
売掛金		借入金	
商　品	830	未払金	
備　品	200	純資産	
建　物		資本金	1,000
		利　益	50
合　計	1,230	合　計	1,230

損益計算書　　　　　　　　　　　　　(単位：万円)

費　用		収　益	
売上原価	100	売上高	150
諸経費			
利　益			
利　益	50		
合　計	150	合　計	150

Ⅰ　財務分析編

⑥ 商品500万円分を750万円で販売し、500万円は現金で受け取り、残額は掛けとした。

貸借対照表 (単位：万円)

資　産		負　債	
現　金	700	買掛金	180
売掛金	250	借入金	
商　品	330	未払金	
備　品	200	純資産	
建　物		資本金	1,000
		利　益	300
合　計	1,480	合　計	1,480

損益計算書 (単位：万円)

費　用		収　益	
売上原価	600	売上高	900
諸経費			
利　益			
利　益	300		
合　計	900	合　計	900

⑦ 諸経費を現金で150万円支払った。

貸借対照表 (単位：万円)

資　産		負　債	
現　金	550	買掛金	180
売掛金	250	借入金	
商　品	330	未払金	
備　品	200	純資産	
建　物		資本金	1,000
		利　益	150
合　計	1,330	合　計	1,330

損益計算書 (単位：万円)

費　用		収　益	
売上原価	600	売上高	900
諸経費	150		
利　益			
利　益	150		
合　計	900	合　計	900

⑧ 横浜信用金庫から1,000万円借り入れ、現金で受け取った。

貸借対照表 (単位：万円)

資　産		負　債	
現　金	1,550	買掛金	180
売掛金	250	借入金	1,000
商　品	330	未払金	
備　品	200	純資産	
建　物		資本金	1,000
		利　益	150
合　計	2,330	合　計	2,330

損益計算書 (単位：万円)

費　用		収　益	
売上原価	600	売上高	900
諸経費	150		
利　益			
利　益	150		
合　計	900	合　計	900

⑨ 建物を建てたが、その代金900万円のうち700万円を現金で支払った。

貸借対照表 (単位：万円)

資　産		負　債	
現　金	850	買掛金	180
売掛金	250	借入金	1,000
商　品	330	未払金	200
備　品	200	純資産	
建　物	900	資本金	1,000
		利　益	150
合　計	2,530	合　計	2,530

損益計算書 (単位：万円)

費　用		収　益	
売上原価	600	売上高	900
諸経費	150		
利　益			
利　益	150		
合　計	900	合　計	900

⑩ 商品200万円分を300万円で販売し、全額掛けとした。

貸借対照表 (単位：万円)

資　産		負　債	
現　金	850	買掛金	180
売掛金	550	借入金	1,000
商　品	130	未払金	200
備　品	200	純資産	
建　物	900	資本金	1,000
		利　益	250
合　計	2,630	合　計	2,630

損益計算書 (単位：万円)

費　用		収　益	
売上原価	800	売上高	1,200
諸経費	150		
利　益			
利　益	250		
合　計	1,200	合　計	1,200

■■ 積立をすると利益が出る？

　22ページの図④の関係からわかるように、総資産が増加すれば貸方に利益が計上されます[*5]。したがって、総資産額は基本的には毎期増加することが望ましいということになります。融資を受けて融資金が預金口座に入ると総資産は増加しますが（図⑧）、この場合、利益は計上されません。融資は借入金として負債に計上されますから、総資産と同額だけ負債も増加します。前述のように、〈総資産－負債＝純資産＝収益－費用＝利益〉ですから、総資産の増加分は負債の増加分と相殺されてしまうのです。

*5　このことは、架空の資産を計上すれば利益が増加するということを示す。利益を水増しする粉飾決算の基本的な手段が、この「架空資産の計上」である。これについては、55ページを参照。

---

one step up　　　**積立をすると利益が出るか**

――――――――――――――――――― **Column**

　以前、積立をすると、積んだ分だけ利益が出ると思っている経営者の方がいました。営業担当者が積立預金を勧めると、その経営者はそういって、「利益が出ると税金を払わなければならないから、積立はしない」と答えたそうです。しかし、積立預金には現金か他の預金から振り替えで入金されるわけですから、総資産が増加することはありません。したがって、積んだ分だけ利益が出ることもありません。同じように、別の経営者は、借入金を返済するとその分だけ利益が出ると思い込んでいました。これも同様の勘違いで、借入金を返済して負債が減少しても、返済に充てる現金預金が同額だけ減少しますから、総資産も減少して、やはり利益が出るわけではありません（積立をして利益が出るなら、企業経営も楽ですよね）。

　貸借対照表と損益計算書の仕組みに対する誤解が、こうした錯覚を生むのですが、企業経営者の立場に立ってみると、もっとシンプルな原因も考えられます。それは企業会計と家計の混同です。家計は、基本的に現金主義です。サラリーマンの場合、給与収入から源泉徴収された後の手取収入で生活をします。たとえば30万円の手取額のうち、3万円を積立して、

残りの27万円で生活すれば毎月3万円が余剰となります。「貯蓄は美徳」と考えれば、この3万円は家計における「利益」と見ることもできます。

家計の感覚では「収益－費用＝利益」ではなく、「収入－支出＝利益」なのです。ただし、企業と違って、この「利益」には税金はかかりません。

6. 貸借対照表と損益計算書の仕組み

利益は「収益－費用」で求められますから、収益（売上）が上がって、借方に売掛金（後述）が計上されれば総資産が増加して（収益＞費用である限り）、利益が計上されます。

逆に、経営不振が続くと資産が負債と純資産の合計額以下に減少します。バランスシートですから、〈資産＝負債＋純資産〉が大原則です。そこで、（収益－費用＝）利益をマイナス（＝損失）として、借方と貸方を一致させます。利益ではなく損失の発生、赤字です。

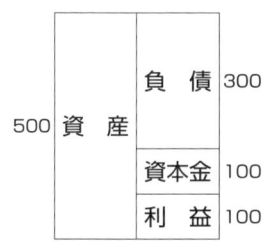

	負債	300
500 資産	資本金	100
	利益	100

＊「資本金＋利益」は貸借対照表上では「純資産」と表示される。

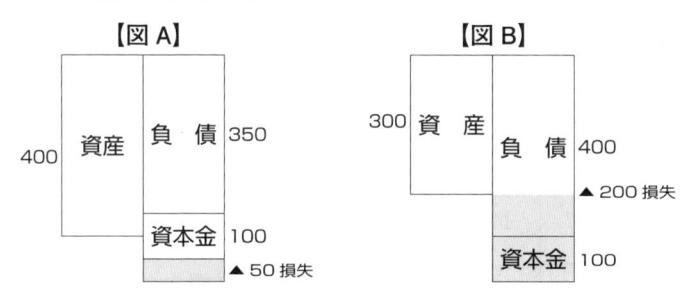

【図A】

400 資産	負債 350
	資本金 100
	▲50 損失

【図B】

300 資産	負債 400
	▲200 損失
	資本金 100

損失が拡大し、純資産を上回った状態（図B）を「債務超過」といいます。これは、資産の額が負債よりも小さくなってしまった状態で、図

Bのように資産300に対して、負債が400あります。この状態では資産をすべて処分しても、負債がまだ100残ってしまいます。「リスクを負担しない」(13ページ参照)はずの負債を提供する側の金融機関にとっては深刻な状態です。債務超過の企業が融資先として適切でないとされるのはこのためです。

■ 3つの赤字：「当期赤字」「累積赤字（損失）」「債務超過」

単年度の決算で赤字になった場合を当期赤字といいます。累積赤字は赤字が蓄積して、あるいは単年度で大きな赤字を計上して、資本金に赤字が食い込んでいる状態です。債務超過は前述の通りです。

下図は5期連続で黒字計上して、6期目に赤字になった場合で、この6期は当期赤字ですが、まだ累積赤字でも債務超過でもありません。7期はさらに赤字がふくらみ、過去の利益の蓄積である内部留保を赤字が上回ってしまい、貸借対照表上の利益がマイナスになってしまいました。これが累積赤字の状態です。7期は当期赤字で累積赤字ですが、債務超過にはなっていません。8期にはさらに赤字が膨らんで、ついに赤字の

額が資本金を上回っています。これが債務超過で、8期は当期赤字、累積赤字で債務超過の状態です（逆に累積赤字、債務超過でも当期は黒字ということもあります）。

■ 企業は「赤字」で倒産するわけではない

　企業は債務超過、累積赤字、当期赤字であっても当面の支払さえできれば倒産はしません。企業は赤字で倒産するわけではありません。「企業は支払能力を喪失した場合に倒産する」のです。これは重要なポイントです。ただし、赤字が拡大して債務超過に陥ると金融機関側が資金供給を渋るようになるので、結果的に支払能力が低下して倒産することが多くなります。

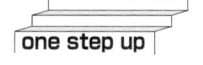

---

one step up　　　　　**金融機関の財務諸表**

——— Column

　銀行など金融機関は、お客様から預金を集め融資するという資金仲介を主な業務としています。
　企業にとって金融機関への預金は「資産」のひとつですが、金融機関の貸借対照表では顧客からの預金は貸方の「負債」になります。逆に、金融機関の融資は金融機関にとっては借方の資産ですが、企業の貸借対照表では借入金として貸方の負債の部に入ります。
　したがって、一般企業の財務諸表では、「預金」勘定は「資産の部」に計上され、借入金による調達勘定は「負債の部」に計上されますが、金融機関の財務諸表（BS）では、お客様からお預りした「預金」を「負債の部」に計上し、「貸出金」を「資産の部」に計上するわけです。
　一般企業の財務諸表（PL）における「売上」に相当するものとしては、「経常収益」から臨時に得た収益（「臨時収益」）を除いた「業務収益」と呼ばれる勘定科目があります。一般企業の「営業利益」に相当するものとしては、経常収益・費用から臨時に得た収益・費用を除いて相殺した「業務純益」と呼ばれる利益勘定があります。ただし、「業務収益」、「臨時に得た収益・

費用」、「業務純益」は、いずれも財務諸表上には表示されず、資料編等で記載されている場合が多くなっていますので、一般企業の財務諸表と比べてわかりにくいのではないかと思います。

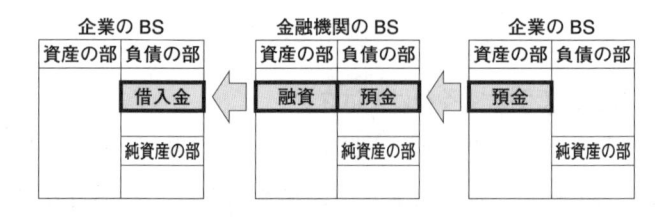

```
   企業のBS          金融機関のBS         企業のBS
資産の部│負債の部   資産の部│負債の部   資産の部│負債の部
       │[借入金]←──[融資]│[預金]←──[預金]│
       │           │      │         │      │
       │純資産の部 │純資産の部        │純資産の部
```

∷ 貸借対照表の科目

『中小企業の財務指標』（中小企業庁編・同友館）等から、貸借対照表の勘定科目を載せました（**図表1－7**）。意味のわからない科目に出会ったら、ここを参照してください。

図表1－7 主な貸借対照表の項目

項目名	説明
現金・預金	現金および預金。金銭信託を含む。1年以内に期限の到来しない定期預金等を除く。
受取手形	営業取引によって生じた手形債権。資産の売却等により発生した営業外受取手形を除く。
売掛金	営業取引によって生じた未収入金。役務の提供による営業収益で未収のもの（建設業等の工事未収入金等）を含む。
有価証券	市場性のある有価証券（株式、債券等）で短期保有を目的とするもの。担保差入有価証券を含む。
商品・製品	商品、製品。販売用不動産を含む。
半製品・仕掛品	半製品、仕掛品（未成工事支出金）。
原材料・貯蔵品	原材料、貯蔵品。
その他の棚卸資産	商品・製品、半製品・仕掛品、原材料・貯蔵品以外の棚卸資産。

項目名	説明
その他の流動資産	前渡金、前払費用、未収入金、未収収益、短期貸付金、繰延税金資産、仮払金、差入保証金、貸倒引当金等の合計。
流動資産計	短期間（原則として1年以内）に資金として回収される資産。現金・預金＋受取手形＋売掛金＋有価証券＋商品・製品＋半製品・仕掛品＋原材料・貯蔵品＋その他棚卸資産＋その他流動資産
建物・構築物	建物、構築物。付属設備を含む。
機械・装置	機械、装置、船舶、車両、その他の運搬具。
工事・器具・備品	工具、器具、備品等。
土地	土地・山林・植林・その他の非償却資産。
建設仮勘定	建設仮勘定。有形固定資産の取得のための手付金を含む。
有形固定資産	土地や建物、設備など営業活動に使う形のある資産の合計。建物・構築物＋機械・装置＋工具・器具・備品＋土地＋建設仮勘定
無形固定資産	工業所有権、その他の無形固定資産。
投資その他の資産	投資有価証券、長期貸付金、その他投資、貸倒引当金等の合計。
固定資産計	企業が複数事業年度にわたり使用する資産の合計。有形固定資産＋無形固定資産＋投資その他の資産
繰延資産	株式交付費、開発費等の繰延資産。
資産合計	資産の部合計。流動資産合計＋固定資産合計＋繰延資産
支払手形	営業取引によって生じた手形債務。設備関係支払手形を除く。
買掛金	営業取引によって生じた未払金。役務の受入による未払金（工事未払金等）を含む。
短期借入金（年間返済長期借入金を含む）	当座借越、証書借入金および手形借入金で1年以内に期限の到来するもの。1年内償還予定の社債、CP（コマーシャルペーパー）を含む。
その他流動負債	未払金、設備未払金・支払手形、未払費用、前受金、前受収益、従業員預り金、短期引当金、未払法人税等の合計。
流動負債計	短期間（原則として1年以内）に支払期限の来る負債の合計。支払手形＋買掛金＋短期借入金＋その他流動負債

項目名	説明
社債・長期借入金	社債、証書借入金および手形借入金。1年内に期限が到来するものを除く。
その他の負債	社債、証書借入金以外の固定負債。退職給与引当金、特別修繕引当金、長期支払手形、長期未払金、受入保証金等。
固定負債計	通常の営業活動以外で発生する債務のうち、1年を超えて支払期限が到来するもの。 社債・長期借入金＋その他の負債
資本金	株主から拠出された法定資本。
資本剰余金	資本準備金及びその他資本剰余金に区分する。
利益剰余金	利益準備金及びその他利益剰余金（株主総会・取締役会決議項目は、××積立金とし、それ以外は繰越剰余金）に区分する。
評価・換算差額等	その他有価証券評価差額金、繰越ヘッジ損益、土地再評価差額金。
新株予約権	株式会社に新株を発行させる、または自己株式を移転させる権利。
純資産計	株主資本＋評価・換算差額等＋新株予約権。
負債・純資産合計	負債の部と純資産の部の合計。総資本（総資産）。〈流動負債合計＋固定負債合計＋純資産合計〉。

質疑応答

Q：財務諸表の見方の本はいろいろありますが、お使いになったもので役立つ参考書はありますか？

A：『(新版)実践財務諸表の見方』（大野敏男、牧野明弘・経済法令研究会）1979年に初版が出た金融界のロングセラーで、何度か改訂されています。私は初版で買って、その後2回買い換えました。融資や営業の仕事で財務諸表を読む際に、内容が不明な科目を調べるレファレンスブックとして使いました。

第2章
財務分析の基礎

1. 財務バランス

■ 貸借対照表はまず財務バランスを見る

貸借対照表を読むときは、科目や金額の明細をいきなり見るのではなく、まず資産と負債・純資産の状態を見ます。全体を見てから、細部を見るというのが財務分析に限らず、各種の分析における基本的な原則です。

具体的には、下図のように流動資産と流動負債のバランスを見ます。これを財務バランス、または流動性バランスといいます。基本的には、「流動資産＞流動負債」の状態にあるのが望ましい状態です。

【健全な企業】
運用　調達
流動資産／流動負債・固定負債
固定資産／自己資本
① 流動資産が多く、流動負債を大幅に上回っている。
② 固定資産を自己資本で調達している。

【一般水準の企業】
運用　調達
流動資産／流動負債
固定資産／固定負債・自己資本
① 流動資産が流動負債を若干上回っている。
② 固定資産を固定負債と自己資本で調達している。

【不健全な企業】
運用　調達
流動資産／流動負債
固定資産／固定負債・自己資本
① 流動資産が流動負債より少ない。
② 固定資産を一部流動負債で調達している。

健全企業の貸借対照表は、後述する流動比率が100％以上で、固定比率が100％以下という状態ですが、いきなり比率に換算するのではなく、実数で見て、全体のイメージをつかみましょう。

2. 実数法と比率法

中小企業には実数法が適している

　財務分析の手法は、実数法と比率法に大別されます。実数法は財務諸表の数値をそのまま使って分析する手法で、ある項目の数値の期間的な変化を実数によってとらえ、増減額から一定の事実や傾向を判断する方法です。後述する資金移動表や損益分岐点分析などが実数法にあたります。

　比率法は、流動比率（＝流動資産÷流動負債×100）や、売上高利益率（＝利益÷売上高×100）など、実数を比率に変換して分析する手法です。

　比率法と実数法には、それぞれ次のような一長一短があり、実務では両者が併用されます。一般的に、安全性、資金繰り分析では実数法が中心となり、収益性分析では比率法が多用されます。両者の特徴を整理すると以下のようになります。

```
比率法：概括的・抽象的　⇒　収益性分析
実数法：具体的・非総括的　⇒　安全性、資金繰り分析
```

3. 安全性と収益性

安全性と収益性のどちらを重視するか

　安全性分析とは、企業の支払能力の状態を分析するもので、収益性分析とは、企業が利益を上げる（獲得する）性質の水準を測るものです。企業経営の目的が、利益の追求にある以上、収益性の分析が財務分析の中心的なポイントとなるのは当然ですが、企業は高い収益性を追求する

一方で、支払能力の状態も健全に維持していなければなりません。支払能力の低下は倒産につながるからです。その意味で融資審査の立場からすれば、安全性の分析が重要視されます。

支払能力に問題がある企業は融資先として適切ではありませんから、融資審査における財務分析においては、まず企業の支払能力を検討する必要があります。本書においても、次章以降で実数法による支払能力の検討を優先して解説します。

---

one step up　安全性と収益性のトレードオフ

―――――――――――――――――――――――― **Column**

　中長期的に見た場合、収益性の向上は安全性の高さにつながると考えられます。収益が上がれば、それに応じて収入（キャッシュインフロー）も増えるからです。しかし、短期的には収益の増加、たとえば売掛金の急激な増加は資金収支（キャッシュフロー）にはマイナスに働きますし(※)、回収条件を緩やかにしたほうが収益性にはプラスになりますが、資金繰りの面では逆になります。安全性を重視するなら、収益性を犠牲にしても回収条件を早めるほうが得策となります。

　また、手持ちの現金預金の量は安全性の面からは多いほうが望ましいといえますが、資金の効率的運用という収益性の観点からは好ましくないともいえます。このように、収益性と安全性は短期的に見た場合、トレードオフの関係にあり、財務分析においては収益性と安全性のバランスを見ることが必要になります。

※この点については、55ページ以降で詳述します。

第3章
支払能力の分析

1. 実数法による支払能力の分析

■■ 損益計算と資金収支（キャッシュフロー）の違いを見る

第1章で出てきた「経営活動と財務諸表の関係」①〜⑩を見ながら、支払能力を中心とした実数法による分析について解説します。

22〜23ページの図の①で会社を設立し、②〜⑩の経営活動を行いました。その結果、総資産は当初の1,000万円から2,630万円に増加しました。売上高は1,200万円で、利益は250万円を計上しましたが、現金

① A氏が現金1,000万円を元手にして会社を設立した。

貸借対照表 (単位：万円)

資　産		負　債	
現　金	1,000	買掛金	
売掛金		借入金	
商　品		未払金	
備　品		純資産	
建　物		資本金	1,000
		利　益	
合　計	1,000	合　計	1,000

損益計算書 (単位：万円)

費　用		収　益	
売上原価		売上高	
諸経費			
利　益			
利益			
合　計		合　計	

⑩ 商品200万円分を300万円で販売し、全額掛けとした。

貸借対照表 (単位：万円)

資　産		負　債	
現　金	850	買掛金	180
売掛金	550	借入金	1,000
商　品	130	未払金	200
備　品	200	純資産	
建　物	900	資本金	1,000
		利　益	250
合　計	2,630	合　計	2,630

損益計算書 (単位：万円)

費　用		収　益	
売上原価	800	売上高	1,200
諸経費	150		
利　益			
利益	250		
合　計	1,200	合　計	1,200

に注目すると当初の1,000万円から850万円へと、150万円減少しています。このように、損益計算と資金収支は必ずしも一致しません。これが損益計算と資金収支（キャッシュフロー）計算の違いです。

財務分析においては、収益、費用、利益、損失、収入、支出を明確に区別しなければなりません。損益計算は〈収益－費用＝利益（損失）〉ですが、資金収支計算では〈収入－支出＝収支尻〉となります。以下、資金収支に代えて「キャッシュフロー」という言葉を使用します。

事例の場合、キャッシュフロー計算は以下のように行います。

```
      【収　入】              【支　出】
    売上高       1,200      売上原価       800
  ▲売掛金増加    550       諸経費        150
  ▲備品増加      200       商品増加       130
  ▲建物増加      900      ▲買掛金増加    180
    計（A）     ▲450      ▲借入金増加   1,000
                          ▲未払金増加    200
                            計（B）     ▲300

         (A)－(B)＝▲150 ＝（現金増加）
```

収入は収益である売上高から上記の項目の増加分を控除して求めます。支出は費用である売上原価に商品の増加分と諸経費を加算し、上記の項目の増加分を控除して計算します。収益から控除しているのは借方の資産項目の増加分です。同様に、費用から控除しているのは貸方の負債項目の増加分です。

つまり、収益から資金の運用分（現金化していない分）を控除して収入を求め、費用から資金の調達分（支払を待ってもらっている分）を控除して支出を求めるわけです（商品の増加は資産の増加にあたりますが、これは売上原価に加算しています）。

なお、収益性を示す代表的な指標である売上高利益率は 250 ÷ 1,200 × 100 = 20.83％で、総資産の運用効率を表す総資産利益率（ROA: Return on Assets ＝ 利益 ÷ 総資産 × 100）は 250 ÷ 2,630 × 100 = 9.51％で、収益性は良好といってよいでしょう[*1]。

> *1　収益性の判断基準
> 　企業の収益性を判断するシンプルな基準に、国債や銀行など金融機関の預金金利がある。リスクを取って企業を経営する、あるいは企業に投資する以上、リスクフリーレート（安全利子率）である国債の利回りや、それに準ずる預金の金利を上回る収益性を企業に求めるのは当然で、それを下回るリターンしか獲得できないなら、企業経営や投資をやめて、その資金で国債を買ったり、銀行に預けたほうがよいともいえるからである。執筆時点の 10 年国債の利回り約 1.50％と比較すると、この会社の収益性はそれを大幅に上回る良好な水準であるといえる。

2. 資金移動表による分析

■ キャッシュフロー計算の基本原則

キャッシュフロー計算における基本的な原則は、以下の通りです。

　資産の増加――収益から控除する、または費用に加算する
　負債の増加――収益に加算する、または費用から控除する

資産の増加分を「費用に加算する」というのは、商品の増加分を支出項目として売上原価と諸経費に加算している部分にあたります。35 ページの事例はシンプルな構造なので、負債の増加分を収益に加算するというパターンは出てきませんが、具体的には前受金の増加分がそれに該当します。（40 ページの資金移動表算定式を参照してください。）

35 ページの計算では、収入が▲450 万円に対して、支出が▲300 万円でした。収入と支出の差額を「収支尻」といいます。この場合、収支尻は「収入（▲450 万円）－支出（▲300 万円）＝▲150 万円」となっ

て、現金が150万円減少したことがわかります。ただ、これでは収入と支出の内訳、状況がよくわかりません。そこで、収支尻を「経常収支」、「固定収支」（基礎収支）、「財務収支」の３つに分けて分析してみます。これを資金移動表といいます。

貸借対照表と損益計算書だけではわからないキャッシュフローの状態（資金繰りの状態）、つまり支払能力を見るために金融機関が作成するのが資金移動表です。

❶ 資金移動表

資金移動表は、損益計算書の収益と費用の金額に、売上債権や買入債務などの増減額を加減調整してキャッシュフローに変換し、経常収支、固定収支（または基礎収支）、財務収支の３つの観点から収支の状態を分析するものです。

❷ 経常収支

経常収支は、企業の本来の事業活動に基づくキャッシュフローの状態を示したもので、営業損益と営業外損益を資金収支に置き換えたものです。したがって、基本的には経常収支はプラスの値であることが望まれます。経常収入は損益計算書の売上高と営業外収益を収入ベースで表したもので、経常支出は売上原価と販売費及び一般管理費と営業外費用を支出ベースで表したものです。経常収支は〈経常収入－経常支出〉で求められ、キャッシュフロー計算書における営業キャッシュフローにほぼ該当するものです。〈経常収入÷経常支出×100〉を経常収支比率といいます。

ここで、キャッシュフロー計算の重要な要素である減価償却費を加味して資金移動表を作成してみましょう。

第１章の①〜⑩の後に、建物について減価償却を実施した場合、ＢＳとＰＬの動きは次のようになります。

⑪ 決算にあたり、建物について減価償却を実施し、減価償却費100万円を計上した。

貸借対照表 (単位：万円)

資　産		負　債	
現　金	850	買掛金	180
売掛金	550	借入金	1,000
商　品	130	未払金	200
備　品	200	純資産	
建　物	800	資本金	1,000
		利　益	150
合　計	2,530	合　計	2,530

損益計算書 (単位：万円)

費　用		収　益	
売上原価	800	売上高	1,200
諸経費	250		
（うち減価償却費 100）			
利　益			
利　益	150		
合　計	1,200	合　計	1,200

上記⑪から、以下の資金移動表を完成させてください。

【演習】　資金移動表の作成

経常収入	
売上高	（　　　）
▲売掛金増加	（　　　）
計	（　　　）

経常支出	
売上原価	（　　　）
諸経費	（　　　）
商品増加	（　　　）
▲買掛金増加	（　　　）
▲未払金増加	（　　　）
▲減価償却費	（　　　）
計	（　　　）

A：経常収支　　（　　　）

備品増加　　（　　　）
建物増加　　（　　　）
B：固定収支　　（　　　）

借入金増加　（　　　）
C：財務収支　　（　　　）

現金増加　A－B＋C＝（　　　）

経常収支は資金移動表の中心的な概念で、融資審査においても非常に重要性が高いものです。固定収支は決算・設備関係の収支、財務収支は借入金や割引手形など資金調達による収支を示します。資金移動表の算定式とモデルは40・41ページの通りです（**図表3－1・3－2**）。

この2つのモデルを参考に、演習として44ページ**図表3－3**の貸借対照表、損益計算書から45ページ**図表3－4**の資金移動表を作成して

みてください。

　実務ではコンピュータによって計算が行われますので、手計算で資金移動表を完璧に作る必要はありませんが、この仕組みは理解してほしいと思います。

【演習の解答】

経常収入	
売上高	1,200
▲ 売掛金増加	550
計	650

経常支出	
売上原価	800
諸経費	250
商品増加	130
▲ 買掛金増加	180
▲ 未払金増加	200
▲ 減価償却費	100
計	700

A：経常収支　　　▲50

備品増加　　　200
建物増加　　　900（＝当期末建物＋減価償却費－前期末建物）
B：固定収支　　1,100

借入金増加　1,000
C：財務収支　　1,000

現金増加　A－B＋C＝▲150

※ 減価償却を実施してもキャッシュフローは変わらないことを確認してください。減価償却費については、47ページ以降で解説しています。

図表３−１ 資金移動表の算定式

残高増減の資金繰りへの影響↓

	項目名	計算式 当期数値	計算式 前期数値	増加	減少
1	売上	売上合計		○	×
2	売上債権増	受取手形＋売掛金	−受取手形−売掛金	×	○
3	前受金増	前受金	−前受金	○	×
4	営業外収益	受取利息配当＋その他収入		○	×
5	経常収入合計	1−2＋3＋4			
6	売上原価	売上原価合計		×	○
7	販売費・一般管理費	販売費・一般管理費合計		×	○
8	営業外費用	支払利息割引料＋その他費用		×	○
9	棚卸資産増	商品＋製品＋仕掛品＋原材料	−商品−製品−仕掛品−原材料	×	○
10	買入債務増	支払手形＋裏書譲渡手形＋買掛金	−支払手形−裏書譲渡手形−買掛金	○	×
11	前渡金増	前渡金	−前渡金	×	○
12	減価償却費	販売費の減価償却費＋製造費用の減価償却費		○	×
13	貸倒引当金増	貸倒引当金	−貸倒引当金	○	×
14	退職給与引当金増	退職給与引当金	−退職給与引当金	○	×
15	経常支出合計	6＋7＋8＋9−10＋11−12−13−14			
16	A　経常収支	5−15			
17	固定資産増	固定資産合計＋12−長期貸付金	−固定資産合計−長期貸付金	×	○
18	繰延資産増	繰延資産	−繰延資産	×	○
19	未収金・仮払金増	未収金・仮払金	−未収金・仮払金	×	○
20	その他流動資産増	その他流動資産	−その他流動資産	×	○
21	その他流動負債増	その他流動負債	−その他流動負債	○	×
22	その他固定負債増	その他固定負債	−その他固定負債	○	×
23	特別利益	特別利益		○	×
24	特別損失	特別損失		×	○
25	設備等支出合計	17＋18＋19＋20−21−22−23＋24			
26	法人税等	法人税等−未払法人税等	＋未払法人税等	×	○
27	配当金	配当金（中間）	＋経常配当金＋特別配当金	×	○
28	決算支出合計	26＋27			
29	B　固定収支	25＋28			
30	増資	資本金＋資本準備金	−資本金−資本準備金−株式配当金	○	×
31	長期借入金	長期借入金	−長期借入金	○	×
32	短期借入金	短期借入金	−短期借入金	○	×
33	割引手形増	割引手形	−割引手形	○	×
34	財務収入合計	30＋31＋32＋33			
35	有価証券増	有価証券	−有価証券	×	○
36	長期貸付金	長期貸付金	−長期貸付金	×	○
37	短期貸付金	短期貸付金	−短期貸付金	×	○
38	財務支出合計	35＋36＋37			
39	C　財務収支	34−38			
40	差引現金・預金増	A−B＋C（16−29＋39）			

（注）この算定式は、受取手形割引高と裏書譲渡手形を流動負債に計上することを前提としています。したがって、2の売上債権増の受取手形には、両者の数値が含まれています。

図表3-2 資金移動表モデル

【比較資金移動表】　　　　　　　　　　　　　　　　　　　　　　　　　　（単位：千円）

		N/03	N+1/03	増減額
＊経常収支の部＊				
経常収入				
	売上	10,370,927	10,310,336	▲60,591
	売上債権増 ▲	▲248,235	▲207,013	41,222
	前受金等増	▲317	▲1,693	▲1,376
	営業外収益	69,495	146,398	76,903
＊経常収入合計		10,688,340	10,662,054	▲26,286
経常支出				
	売上原価	7,162,655	7,213,069	50,414
	販売費・一般管理費	3,112,493	3,057,291	▲55,202
	営業外費用	90,221	94,746	4,525
	棚卸資産増	▲67,625	▲271,993	▲204,368
	買入債務増 ▲	▲9,427	▲48,041	▲38,614
	前渡金等増	▲7,406	▲24,119	▲16,713
	減価償却費	119,131	132,616	13,485
	貸倒引当金増 ▲	▲1,620	▲200	1,420
	退職給与引当金増 ▲	0	0	0
＊経常支出合計		10,182,254	9,984,619	▲197,635
A経常収支		506,086	677,435	171,349
＊固定収支の部＊				
設備支出				
	固定資産増	44,779	460,952	416,173
	繰延資産増	0	0	0
	未収金・仮払金増	▲1,585	▲12,732	▲11,147
	その他流動資産増	▲935	1,120	2,055
	その他流動負債増 ▲	491	▲5,654	▲6,145
	その他固定負債増 ▲	▲58	2,634	2,692
	特別利益 ▲	0	0	0
	特別損失	16,530	14,604	▲1,926
＊設備等支出合計		58,356	466,964	408,608
決算支出				
	法人税等	69,410	45,039	▲24,371
	配当金	234,143	83,590	▲150,553
＊決算支出合計		303,553	128,629	▲174,924
B 固定収支		361,909	595,593	233,684

		N/03	N+1/03	増減額
＊財務収支の部				
財務収入				
	増資	0	0	0
	長期借入金増	▲2,203	▲21,730	▲19,527
	短期借入金増	▲293,482	601,880	895,362
	割引手形増	0	0	0
	＊財務収入合計	▲295,685	580,150	875,835
財務支出				
	有価証券増	▲147	▲1,242	▲1,095
	長期貸付金増	▲6,496	▲10,176	▲3,680
	短期貸付金増	▲263	208,525	208,788
	＊財務支出合計	▲6,906	197,107	204,013
C財務収支		▲288,779	383,043	671,822
A－B＋C現預金増		▲144,602	464,885	609,487

▶上記資金移動表からの分析例

　経常収支比率（経常収入÷経常支出）は、2期とも100％を上回っており、支払能力は健全と考えられます。

　固定収支の支出は、2期とも経常収支の範囲内に収まっており、投資姿勢としては保守的なスタンスです。

　前々期は手元現預金を取り崩して借入金を圧縮していますが、前期は短期借入金による資金調達で手元現預金を厚くしています。その意図するところは、この資料からは読み取れないので、次回訪問時に確認するべきです。

　財務分析において生じた疑問点が、次のヒアリング・ポイントとなるのです。

キャッシュフロー計算の原則〜ダメ押し

Column

資産の増加──収益から控除する、または費用に加算する
負債の増加──収益に加算する、または費用から控除する

ここの意味がわからないという人が多いので、もう少し説明をしてみます。本文で意味がわかった人は、ここは飛ばしてもかまいません。

期首において売上債権（受取手形・売掛金）がゼロで、期末においてもゼロならば、収益である売上高がそのまま収入となります。

| 期首 売上債権 ゼロ | 売上高 1,000万円 収益＝収入 | 期末 売上債権 ゼロ |

期首において売上債権（受取手形・売掛金）がゼロで、期末において売上債権が100万円あった場合は、売上からまだ現金化していない売上債権を控除した額が収入となります。

| 期首 売上債権 ゼロ | 売上高 1,000万円 収入＝1,000－100＝900万円 | 期末 売上債権 100万円 |

期首（つまり前期末）において売上債権（受取手形・売掛金）が100万円あり、期末において売上債権が200万円あった場合は、売上債権の増加分（200－100＝100万円）を控除した額が収入となります。

| 期首 売上債権 100万円 | 売上高 1,000万円 収入＝1,000－(200－100)＝900万円 | 期末 売上債権 200万円 |

買入債務（支払手形・買掛金）の場合は、その増加分だけ現金の支出を抑制しているわけですから、費用からその分を控除して支出を求めます。

図表3-3 【演習】資金移動表の作成

【B社比較貸借対照表】 (単位：百万円)

資　産		第7期	第8期	負債及び純資産		第7期	第8期
流動資産	現金預金	41	36	流動負債	支払手形	57	73
	受取手形	23	21		買掛金	31	38
	売掛金	56	65		短期借入金	30	35
	貸倒引当金	▲1	▲1		未払法人税等	6	4
	製品	8	20		その他	6	6
	仕掛品原材料	25	28		合計	130	156
	前渡金	2	1	固定負債	長期借入金	40	45
	合計	154	170				
固定資産	有形固定資産 土地	50	47		合計	170	201
	建物構築物	21	35	純資産	資本金	30	30
	機械器具	17	26		利益剰余金	44	49
	合計	88	108		利益準備金	3	4
	投資その他の資産	2	2		その他利益剰余金	22	32
	合計	90	110		合計	74	79
資産合計		244	280	負債・純資産合計		244	280

（注）割引手形　7期　35
　　　　　　　　8期　40

【B社比較損益計算書】 (単位：百万円)

項　目	第7期	第8期
売上高	396	420
売上原価	276	301
売上総利益	120	119
販売費・一般管理費	96	102
（うち人件費）	38	46
（うち減価償却費）	6	7
営業利益	24	17
営業外収益	5	5
営業外費用	10	11
（うち支払利息割引料）	9	11
経常利益	19	11
特別損益	▲2	7
税引前当期純利益	17	18
法人税等	8	8
当期純利益	9	10

①第8期の特別損益の内訳

特別利益	9百万円
特別損失	2百万円

②第7期の利益処分

配当金	5百万円

図表3－4 【演習】解答欄

【資金移動表】 (単位：百万円)

	第8期
＊経常収支の部＊	
経常収入	
売上	1 (　　　　)
売上債権増　▲	2 (　　　　)
前受金等増	3 (　　　　)
営業外収益	4 (　　　　)
＊経常収入合計	5 (　　　　)
経常支出	
売上原価	6 (　　　　)
販売費・一般管理費	7 (　　　　)
営業外費用	8 (　　　　)
棚卸資産増	9 (　　　　)
買入債務増　▲	10 (　　　　)
前渡金等増	11 (　　　　)
減価償却費　▲	12 (　　　　)
貸倒引当金増　▲	13 (　　　　)
退職給与引当金増　▲	14 (　　　　)
＊経常支出合計	15 (　　　　)
A 経常収支	16 (　　　　)
＊固定収支の部＊	
設備支出	
固定資産増	17 (　　　　)
繰延資産増	18 (　　　　)
未収金・仮払金増	19 (　　　　)
その他流動資産増	20 (　　　　)
その他流動負債増　▲	21 (　　　　)
その他固定負債増　▲	22 (　　　　)
特別利益　▲	23 (　　　　)
特別損失	24 (　　　　)
＊設備等支出合計	25 (　　　　)
決算支出	
法人税等	26 (　　　　)
配当金	27 (　　　　)
＊決算支出合計	28 (　　　　)
B 固定収支	29 (　　　　)
＊財務収支の部＊	
財務収入	
増資	30 (　　　　)
長期借入金増	31 (　　　　)
短期借入金増	32 (　　　　)
割引手形増	33 (　　　　)
＊財務収入合計	34 (　　　　)
財務支出	
有価証券増	35 (　　　　)
長期貸付金増	36 (　　　　)
短期貸付金増	37 (　　　　)
＊財務支出合計	38 (　　　　)
C 財務収支	39 (　　　　)
A－B＋C 現預金増	40 (　　　　)

図表3-5 【演習の解答】

【資金移動表】 (単位:百万円)

			第8期
経常収支の部			
経常収入			
	売上	1 (	420)
	売上債権増 ▲	2 (	12)
	前受金等増	3 (	0)
	営業外収益	4 (	5)
	*経常収入合計	5 (	413)
経常支出			
	売上原価	6 (	301)
	販売費一般管理費	7 (	102)
	営業外費用	8 (	11)
	棚卸資産増	9 (	15)
	買入債務増 ▲	10 (	23)
	前渡金等増	11 (	▲1)
	減価償却費 ▲	12 (	7)
	貸倒引当金増 ▲	13 (	0)
	退職給与引当金増 ▲	14 (	0)
	*経常支出合計	15 (	398)
A経常収支		16 (	15)
固定収支の部			
設備支出			
	固定資産増	17 (	27)
	繰延資産増	18 (	0)
	未収金・仮払金増	19 (	0)
	その他流動資産増	20 (	0)
	その他流動負債増 ▲	21 (	0)
	その他固定負債増 ▲	22 (	0)
	特別利益 ▲	23 (	9)
	特別損失	24 (	2)
	*設備等支出合計	25 (	20)
決算支出			
	法人税等	26 (	10)
	配当金	27 (	5)
	*決算支出合計	28 (	15)
B固定収支		29 (	35)
財務収支の部			
財務収入			
	増資	30 (	0)
	長期借入金増	31 (	5)
	短期借入金増	32 (	5)
	割引手形増	33 (	5)
	*財務収入合計	34 (	15)
財務支出			
	有価証券増	35 (	0)
	長期貸付金増	36 (	0)
	短期貸付金増	37 (	0)
	*財務支出合計	38 (	0)
C財務収支		39 (	15)
A-B+C現預金増		40 (	▲5)

3. キャッシュフロー計算と減価償却費

■ 減価償却費──非資金項目をどう扱うか

　キャッシュフロー計算において重要な要素が減価償却費です。減価償却とは、使用や時間の経過などに伴って生じる資産の経済価値の減少分を、資産の耐用年数に応じて各会計期間内に費用化する手続きです。

　中小企業の財務諸表には、減価償却不足のものがかなりあります。まともに減価償却を行うと赤字になってしまうからですが、減価償却を行わないと資産が過大に計上されていることになり、利益が水増しされる結果になります。費用として計上するべきものを計上しないのですから当然です。

　5年前に新車で買った車両を、購入価格のまま資産（有形固定資産）に計上している場合を考えてみてください。この車両には資産計上価額（＝購入価格）と同額の資産価値は当然ありません。そのため、たとえば毎期90万円ずつを減価償却費として費用計上して、同額を資産価額から減額する必要があるのです。この手続きが減価償却です。

　減価償却前の営業利益が300万円とすると、減価償却後の営業利益は210万円（＝300万円－90万円）になりますが、この計算のように実際に費用として現金が支出したわけではありません。そこで資金移動表の経常収支計算においては、減価償却費を費用項目から控除します（40ページの資金移動表算定式を参照してください）。

　キャッシュフロー計算を行う際に、加減する売上債権（売掛金・受取手形）、棚卸資産（商品・製品など）の増加分や減価償却費などを「非資金項目」といいます。

　また、減価償却費を費用項目から控除せずに、利益額に加算する方式もあります。間接法のキャッシュフロー計算書の考え方がそれです。金

融庁の金融検査マニュアルでも、キャッシュフローについて「当期利益に減価償却費など非資金項目を調整した金額」と定義しています。

この非資金項目の大半は、減価償却費と運転資金の増加分が占めます。運転資金は、〈売上債権＋棚卸資産－買入債務〉で計算される概念です。運転資金については、51ページで解説しています。

質疑応答

Q：第1章の損益計算書のところで、5つの利益による分析がありましたが、キャッシュフローによる分析と比べてどちらが役に立つのでしょうか。

A：本来、企業は損益計算上で利益を上げることを目的として活動するものです。企業活動が目的、目標に対して整合的で成果が上がっているのか否かを分析するという意味で、利益による分析、すなわち収益性分析は重要です。一方、企業は利益を追求しながら、同時にキャッシュフロー（資金繰り）の状態も健全に維持しておかなければなりません。そこにキャッシュフロー分析の意義があります。収益性分析とキャッシュフロー分析は自転車の両輪のようなものです。ちなみに企業の戦略は自転車の進む方向を決定するハンドルに該当するといえます。

Q：利益に減価償却費を加算するという間接法のキャッシュフロー計算書の考え方について、もう少し詳しい解説をお願いします。

A：簡単な事例で説明してみましょう。

売上高1,000万円、これに対する原価（仕入）が800万円で、ともにキャッシュベースとすると、売上高総利益は200万円です。販売費及び一般管理費が人件費だけと仮定して100万円とすると、営業利益は100万円になります（これもキャッシュベースです）。

この時、減価償却費50万円を計上すると、営業利益は50万円（＝100－50）となりますが、減価償却費は非資金項目で、キャッシュの流出（キャッシュアウトフロー）がないので、キャッシュフロー（キャッシュインフロー）は（営業）利益50万円＋減価償却費50万円＝100万円となります。

Ⅰ 財務分析編

4. 資金移動表とキャッシュフロー計算書の違い

■ 両者の性格の違いは割引手形の取扱いに現れる

　次ページの**図表3-6**は、資金移動表とキャッシュフロー計算書の違いを示したものです。資金移動表とキャッシュフロー計算書とでは、配当金と法人税と割引手形の扱いが異なっています。図では受取利息・受取配当金、支払利息がキャッシュフロー計算書の「営業活動によるキャッシュフロー」の区分に入っていますが、受取利息・受取配当金を「投資活動によるキャッシュフロー」に、支払利息は「財務活動によるキャッシュフロー」の区分に入れるという方法も認められています。

　資金移動表では「財務収支の部」に記載される割引手形は、キャッシュフロー計算書では「営業活動によるキャッシュフロー」の区分に記載されます。これは、営業債権・債務から生じるキャッシュフローは「営業活動によるキャッシュフロー」の区分に記載するという方針に基づくものです。

　割引手形の取扱いの相違は、キャッシュフロー計算書と資金移動表の性格の相違を表しています。キャッシュフロー計算書は企業が投資家やその他の関係者などに対して情報開示するためのものです。一方、資金移動表は、金融機関が融資判断のためのツールとして作成するもので、割引手形も融資の一手法です。割引手形を他の資金調達手段と同様に「財務収支の部」に区分したほうが、企業の資金調達の状況が一目で把握できるなど、何かと便利なのです。

図表3-6 資金移動表とキャッシュフロー計算書の違い

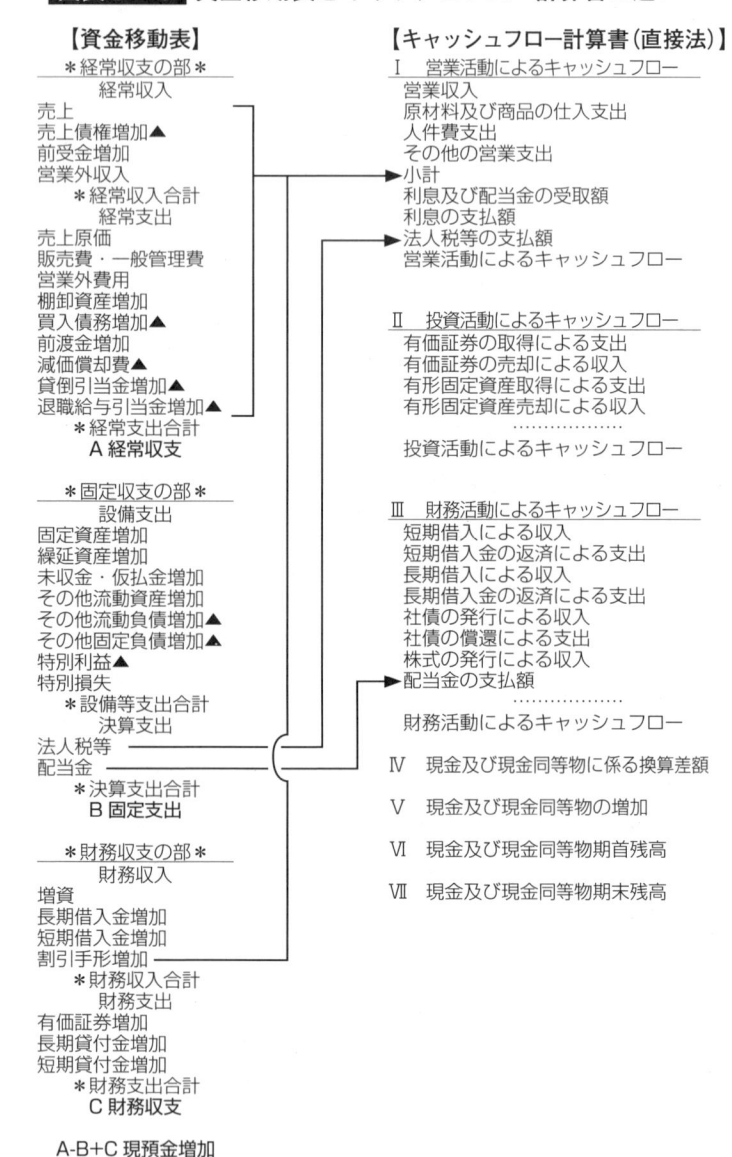

【資金移動表】

＊経常収支の部＊
経常収入
- 売上
- 売上債権増加▲
- 前受金増加
- 営業外収入
  ＊経常収入合計
  経常支出
- 売上原価
- 販売費・一般管理費
- 営業外費用
- 棚卸資産増加
- 買入債務増加▲
- 前渡金増加
- 減価償却費
- 貸倒引当金増加▲
- 退職給与引当金増加▲
  ＊経常支出合計
  A 経常収支

＊固定収支の部＊
設備支出
- 固定資産増加
- 繰延資産増加
- 未収金・仮払金増加
- その他流動資産増加
- その他流動負債増加▲
- その他固定負債増加▲
- 特別利益▲
- 特別損失
  ＊設備等支出合計
  決算支出
- 法人税等
- 配当金
  ＊決算支出合計
  B 固定支出

＊財務収支の部＊
財務収入
- 増資
- 長期借入金増加
- 短期借入金増加
- 割引手形増加
  ＊財務収入合計
  財務支出
- 有価証券増加
- 長期貸付金増加
- 短期貸付金増加
  ＊財務支出合計
  C 財務収支

A-B+C 現預金増加

【キャッシュフロー計算書（直接法）】

Ⅰ　営業活動によるキャッシュフロー
- 営業収入
- 原材料及び商品の仕入支出
- 人件費支出
- その他の営業支出
  小計
- 利息及び配当金の受取額
- 利息の支払額
- 法人税等の支払額
  営業活動によるキャッシュフロー

Ⅱ　投資活動によるキャッシュフロー
- 有価証券の取得による支出
- 有価証券の売却による収入
- 有形固定資産取得による支出
- 有形固定資産売却による収入
  …………………
  投資活動によるキャッシュフロー

Ⅲ　財務活動によるキャッシュフロー
- 短期借入による収入
- 短期借入金の返済による支出
- 長期借入による収入
- 長期借入金の返済による支出
- 社債の発行による収入
- 社債の償還による支出
- 株式の発行による収入
- 配当金の支払額
  …………………
  財務活動によるキャッシュフロー

Ⅳ　現金及び現金同等物に係る換算差額

Ⅴ　現金及び現金同等物の増加

Ⅵ　現金及び現金同等物期首残高

Ⅶ　現金及び現金同等物期末残高

■■ 経常収支と営業キャッシュフローを簡便に求める方法

　経常利益に減価償却費を加えて、運転資金増加分を控除すると経常収支の近似値が求められます。

　　経常収支（近似値）＝経常利益＋減価償却費－運転資金増加分
　　（運転資金増加分＝当期運転資金－前期運転資金
　　　運転資金＝売上債権＋棚卸資産－買入債務）

　ここで、運転資金の算出式について解説しておきましょう。

　売上債権は売掛金が回収されたり、手形が決済されるまで現金化しません。棚卸資産も、販売されるまでは現金とはなりません。逆に買入債務の支払手形と買掛金は期日が来るまで現金の流出が生じません。両者の差額だけ資金が必要になるわけで、これが金融機関では常識的な概念である「経常運転資金」です。キャッシュフロー計算における運転資金の増加分は、当期の〈売上債権＋棚卸資産－買入債務〉から前期のそれを差し引いて計算します。

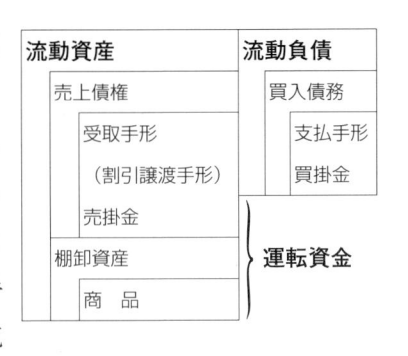

　金融機関ではコンピュータによって財務分析（正確には財務指標の計算）を行っていますが、未取引先や新規取引先から財務諸表を預かった時は、コンピュータシステムにかける前に、まず電卓でこの経常収支（近似値）の計算を行い、経常収支がプラスになっているかどうかを確認しましょう。支払能力の確認が融資審査の第一歩だからです（もちろん、取引先が見ている前では計算しません）。

　また、営業キャッシュフローの近似値は、営業利益に〈1－実効税率〉をかけて税金分を控除し、減価償却費を加算して、運転資金増加分を差

し引きます。実効税率は、法人税に地方税を含めて企業の利益に課税される税の実質的な負担率です。国税である法人税率は22〜30％ですが、地方税である法人住民税と法人事業税を考慮すると実効税率は約40％になります。

　こうして求めたキャッシュフローを、オペレーティング・キャッシュフロー（OCF）といいます。

OCF＝営業利益×（1－税率）＋減価償却費－運転資金増加分

　キャッシュフローには各種の概念があります。

　OCFから設備投資等の支出を差し引いたものを「フリー・キャッシュフロー」といい、これは資金移動表における経常収支と固定収支の差額にほぼ該当します。フリー・キャッシュフローにおける財務活動によるキャッシュフローを加減したものが「ネット・キャッシュフロー」です。ネット・キャッシュフローは現金預金の増減額で、この段階では資金移動表との差異はなくなります。

図表3－7　各種キャッシュフローの関係

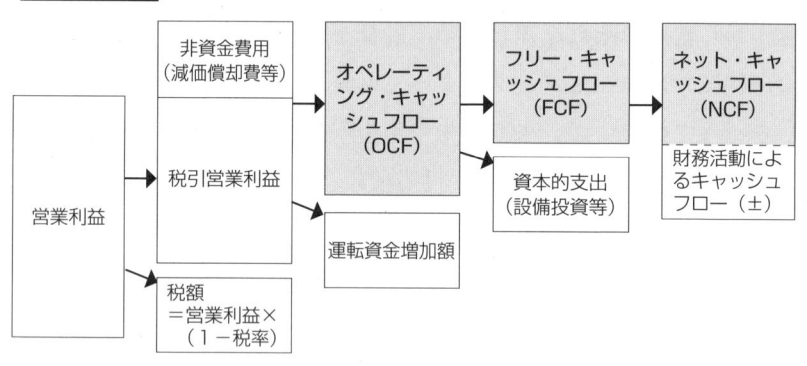

出所：『融資審査と定性分析』（中島久・銀行研修社）

5. 黒字倒産

■ 棚卸資産を増やすと利益が増加する

　企業が、損益計算上は利益を計上していながら、支払能力が低下し倒産することを「黒字倒産」といいます。なぜ、黒字倒産が起きるのかというと、前述のように収益性と安全性（支払能力）は、短期的には逆の動き（トレードオフ）になるからです。

　たとえば、小売業などの場合、売上原価は〈期首商品棚卸高＋当期商品仕入高－期末商品棚卸高〉で計算されます。タバコ屋で期首に商品が10個あって、期中の仕入れが100個だったとします。期末に棚卸を実施すると20個の在庫がありました。この場合、当期の売上原価に対応する在庫数は〈10 ＋ 100 － 20 ＝ 90〉となります。

　この式から明らかなように、期末商品棚卸高の増加は収益性にはプラスに働きます。棚卸資産を過大に計上して架空の利益を上げるという粉飾の手口があるのはこのためです。「棚卸資産の架空計上などせずに、必要以上に仕入れをすれば期末の在庫が増えるから利益が上がる」という人がいましたが、仕入れを増やせば、当期商品仕入高も増えますから、期末在庫が増えても同じことになってしまいます。しかし、キャッシュフロー計算（資金移動表）では、棚卸商品の増加は資産の運用ですから、キャッシュフローにはマイナスになります。

■ 企業は赤字で倒産するわけではない

　重要な点ですので繰り返しますが、企業は赤字では倒産しません。「企業は支払能力を喪失した時に倒産する」のです。したがって、融資審査における財務分析で最も重要な点は、企業の支払能力を評価することにあります。

下記の例では、損益計算では利益計上していますが、キャッシュフローはマイナスになっています。支払いのタイミングの問題もありますが、この不足分の100万円を調達できなければ企業は倒産してしまいます。

　融資金の返済財源はキャッシュであり、利益ではありません。「赤字で返済ができない」というのは不正確な表現です。

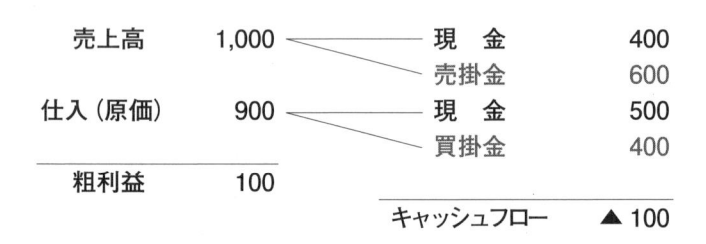

売上高	1,000	現　金	400
		売掛金	600
仕入（原価）	900	現　金	500
		買掛金	400
粗利益	100		
		キャッシュフロー	▲ 100

　減価償却には定率法と定額法の2つの方法があります。どちらの方法を選ぶかによって利益の額は変わりますが、キャッシュフローは影響を受けません。

　"Cash is reality. Profit is a matter of opinion."（「現金は事実。利益は見解の問題」）という表現は、その点を指したものです。

> **質疑応答**
>
> Q：黒字倒産はどのようにすれば防ぐことができるのでしょうか。
> A：金融機関からすると、黒字倒産に限らず、倒産とは「防ぐ」ものではなく「避ける」ものであり、不幸にしてそうした兆候が現れた場合は、被害を最小限にするために追加の融資を中止したり、貸出を回収する努力をするものです。ただし近年のリレーションシップバンキングの立場からすれば、そうした事態に至る前に経営改善支援を行うこともあります。
> 　企業の立場からすると、（黒字）倒産を防ぐためには、売上債権の回収を早める、買入債務の支払を延期することなどが挙げられます。

6. キャッシュフローと粉飾決算

■ 損益計算と資金収支が一致しない場合

　損益計算書で赤字を計上している企業は、一般的に経常収支もマイナスになります。損益計算上で費用が収益を超過しているわけですから、資金収支もマイナスになることが多いのは当然です。ただし、次のような場合は、損益計算上は黒字でも、経常収支がマイナスになることがあります。

> ① 売上債権、棚卸資産が買入債務よりも多い企業（つまり、経常運転資金を必要とする企業）で、売上高が急激に増加した場合
> ② 大口の需要に備えるなどの理由で、意図的に棚卸資産を増加させた場合
> ③ 期末に大口の取引（売上債権）が発生した場合
> ④ 粉飾決算による場合

　①～③の場合は、一時的に損益計算と資金収支が一致しなくても、中長期的には一致してくるので、原因が確認できていれば問題はありません。問題は④の場合です。粉飾によって損益計算書に架空の利益を計上しても、キャッシュフロー計算では真実の数値が現れます。これはキャッシュフロー計算の大きな利点です。

■ キャッシュフロー分析で粉飾を見破る

　たとえば、架空の売掛金、棚卸資産を計上すれば、収益の増加、費用の低減になりますから、損益計算上は増益になります。しかし、このような粉飾行為によって架空の利益を計上しても、キャッシュフロー計算における収入と支出は粉飾前と変わりません。

◆設例 1

　実際の売上高 10,000 千円のところに架空の売上高 1,000 千円を計上し、同時に売掛金 1,000 千円を増加させた。
　損益計算では収益・利益が実際よりも 1,000 千円増加するが、キャッシュフロー計算では収入額は 9,000 千円で粉飾操作前と同額である。

粉飾前

期首売掛金	1,000 千円
期末売掛金	2,000 千円
売上高	10,000 千円

架空計上

売上高	1,000 千円
売掛金	1,000 千円

粉飾後

期首売掛金	1,000 千円
期末売掛金	3,000 千円
売上高	11,000 千円

粉飾前の売上高と売上収入

売上高　10,000 千円
売上収入 ＝売上高－（期末売掛金－期首売掛金）
　　　　＝10,000 －（2,000 － 1,000）
　　　　＝ 9,000 千円

粉飾後の売上高と売上収入

売上高　11,000 千円
売上収入 ＝売上高－（期末売掛金－期首売掛金）
　　　　＝11,000 －（3,000 － 1,000）
　　　　＝ 9,000 千円

◆設例２

期末商品棚卸高を 1,000 千円増加させて、売上原価を低減した。

損益計算では費用（売上原価）が実際よりも 1,000 千円減少するため、同額だけ増益になるが、キャッシュフロー計算における仕入額は粉飾操作前と同じ 8,000 千円である。

粉飾前

期首商品棚卸高	1,000 千円
期末商品棚卸高	2,000 千円
仕入高	8,000 千円

粉飾前の売上原価

売上原価 ＝期首商品棚卸高＋仕入高－期末商品棚卸高
　　　　 ＝ 1,000 ＋ 8,000 － 2,000
　　　　 ＝ 7,000 千円

↓ 架空計上

期末商品棚卸高　3,000 千円

↓

粉飾後

期首商品棚卸高	1,000 千円
期末商品棚卸高	3,000 千円
仕入高	8,000 千円

粉飾後の売上原価と仕入高

売上原価 ＝期首商品棚卸高＋仕入高－期末商品棚卸高
　　　　 ＝ 1,000 ＋ 8,000 － 3,000
　　　　 ＝ 6,000 千円
仕入高 ＝売上原価＋（期末商品棚卸高－期首商品棚卸高）
　　　 ＝ 6,000 千円＋（3,000 － 1,000）
　　　 ＝ 8,000 千円

この2つの例のように、粉飾操作をして架空の売上や利益を計上しても、キャッシュフロー計算では粉飾効果が消滅して、企業の真の支払能力が現れます。粉飾操作で仮面をかぶっても、キャッシュフロー計算によって素顔が現れてしまうということです。次に述べる流動比率、当座比率など比率法の財務指標も企業の支払能力を示すものですが、実数で直接的に企業の支払能力を示すキャッシュフロー計算の融資判断における有用性は非常に高いものです。

　"Cash is reality. Profit is a matter of opinion."（「現金は事実。利益は見解の問題」）という言葉には、こうした意味合いもあります。

　経常収入を経常支出で割ったものを経常収支比率といいます。

$$経常収支比率 = \frac{経常収入}{経常支出} \times 100$$

　これは基本的に100%以上でなければなりません。この数値が100%未満ということは経常的な収入によって経常的な支出をまかなえていないということになるからです。

質疑応答

Q：「現金は事実。利益は見解の問題」の「見解」の部分には、どのような見解が考えられるのでしょうか。

A：たとえば、棚卸資産の評価にあたって、価格に変動があった場合、原価法（仕入値のまま評価）を選ぶか、低価法（原価が上がった場合はそのまま、下がった場合は下げて評価損を出す）を選ぶかによって、売上原価が変化し、利益の額も変化するということです。

回転率と回転期間に着目する

　経常収支が前期よりも改善することは、表面的にはプラス材料ですが、なぜ改善したのか、その原因を確認する必要があります。企業が資金繰

りに苦しんで、売上債権の回収を早めたり、買入債務の期間を延長しても（つまり、支払を繰り延べても）、経常収支は改善するからです。安値で棚卸資産を処分することも、キャッシュフローの計算上は、プラスに働きます。実際、倒産直前の企業の経常収支が改善していたというケースも少なくありません。

売上債権、棚卸資産、買入債務などの変化を見る場合、実額だけを見ても良否の判断はつきません。売上高や売上原価などの増減と対比してみなければ、判断が下せないからです。そこで回転率（rate of turnover）や回転期間（turnover period）で残高を分析する手法があります。

❶ 回転率

回転率は、分子に売上高を置き、分母に売上債権、棚卸資産、買入債務、固定資産、経営資本、総資産などの貸借対照表の金額を置いて、比率を算出するものです。回転率は、1期間（通常1年間）に各資産や資本が何回入れ替わって使用されるか（使用されたか）を示すもので回転回数です。

$$回転率 = \frac{売上高（*）}{資産または資本}$$

＊場合に応じて売上原価や仕入高などを置くこともある

❷ 回転期間

回転率を期間で表したものが回転期間です。回転期間は1ヵ月平均の売上高（月商）か、1日平均の売上高（日商）を分母に置き、分子に売上債権、棚卸資産、買入債務、固定資産、経営資本、総資産などの貸借対照表の金額を置いて算出します。

$$回転期間 = \frac{資産または資本}{平均月商または平均日商}$$

回転率か回転期間のどちらかがわかっていれば、両者は逆数の関係にありますから、1を回転率または回転期間で割って他方を求めることができます。売上高をS、総資産をAとすると、総資産回転率と同回転期間の関係は以下のようになります。

$$回転率 = \frac{S}{A}$$

$$回転期間（年）= \frac{A}{S} = \frac{1 \times A}{S} = 1 \div \underbrace{\frac{S}{A}}_{（回転率）}$$

$$回転率 = \frac{S}{A} = \frac{1 \times S}{A} = 1 \div \underbrace{\frac{A}{S}}_{（回転期間）}$$

$$\frac{1}{回転率} = 回転期間（年）$$

$$\frac{1}{回転期間} = 回転率（年）$$

月単位の回転期間・回転率の場合は、分子に12を置きます。

$$\frac{12}{回転率} = 回転期間（月）$$

$$\frac{12}{回転期間} = 回転率（月）$$

回転率が3回なら、回転期間は12 ÷ 3 = 4ヵ月です。

回転期間が2.5ヵ月なら、回転率は12 ÷ 2.5 = 4.8回になります。

単位が日ならば、分子に365を置きます。

たとえば、売上債権が増加した場合、その増加が売上高の増加に対応したものならば、回転期間や回転率に変化はありませんから、その増加は売上増加に伴う健全な増加と考えることができます。売上債権の増加

によってキャッシュフローが悪化している場合でも、不良債権の発生によるものではないと考えられるわけです。

なお、〈回転期間＝資産（または資本）÷平均月商（または平均日商）〉と述べましたが、「中小企業の財務指標」では回転期間の計算式が以下のようになっています。この式の意味がわかるでしょうか。念のため、解説しておきましょう。

（例）売掛金回転期間＝売掛金÷売上高×365
平均日商は〈売上高÷365〉と表すことができますから、売掛金回転期間の計算式は、右のように展開することができます。

$$売掛金 \div \frac{売上高}{365}$$
$$= 売掛金 \times \frac{365}{売上高}$$
$$= \frac{売掛金}{売上高} \times 365$$

■■ 回転期間と経常運転資金所要額の関係

経常運転資金所要額は、〈売上債権＋棚卸資産－買入債務〉で計算されますが、この算出式は、実務上は次のように変形して使われることが多々あります。

経常運転資金所要額

$$= 平均月商 \times \left(\frac{売上債権}{平均月商} + \frac{棚卸資産}{平均月商} - \frac{買入債務}{平均月商} \right)$$

＝平均月商×（売上債権回転期間＋棚卸資産回転期間－買入債務回転期間）

「売上債権回転期間＋棚卸資産回転期間－買入債務回転期間」の部分を、「収支ズレ期間」といいます。平均月商が増加すると、当然、経常運転資金所要額が増加します。これを増加運転資金といい、融資営業に

おける重要な要素です。

増加運転資金
＝月商増加額×（売上債権回転期間＋棚卸資産回転期間－買入債務回転期間）

ただし、式から明らかなように、各回転期間の変化によっても運転資金所要額は変わってきますので、資金需要が純粋に売上増加に基づくものか否かを確認する必要があります。収支ズレ期間は取引条件の変更や不良債権、不良在庫の発生などによっても変化し、それが原因となって融資申込に至るということも考えられるからです。

> **one step up** なぜ「簡便法キャッシュフロー」を使うのか
> ―――――――――――――――――― Column
>
> 　全国信用金庫研修所の「目利き研修」において、延べ500人以上の受講者の方にキャッシュフローの定義をたずねてきましたが、大半の方が〈当期純利益＋減価償却費－社外流出〉で計算する簡便法キャッシュフローを挙げます。たまに〈経常利益×50％＋減価償却費－社外流出〉という方もいますが、本質的には同じ考え方です。
> 　地域金融機関（少なくとも信用金庫）の営業店では、簡便法のキャッシュフローを電卓で計算して分析している人がかなりいるようなのです。現場に簡便法キャッシュフロー志向が強いのは、金融庁の金融検査マニュアルと同庁の検査の影響が大きいと思いますが、前述のように金融検査マニュアルにおいて、キャッシュフローは以下のように定義されています。
> 『「キャッシュ・フロー」とは、当期利益に減価償却など非資金項目を調整した金額をいう。』
> 　そして、日本公認会計士協会の『「当期利益」を正確な表現である「当期純利益」に修正すべきではないか』というパブリックコメントに対して、金融庁は以下のように回答しています。
> 「債務者区分の検討に当たっては、債務者の実態に基づいた判断が必要であり、形式的な判定とならないよう「当期利益」としており、当該「当期利益」は、必ずしも損益計算上の最終利益を示すものではありません」

このように、金融検査マニュアルでは、キャッシュフローについて簡便法キャッシュフローを使うことを求めていません。にもかかわらず、現場においては簡便法キャッシュフローが多用されているのです。
　財務分析システムでキャッシュフロー分析を行っていない場合、簡便法を利用することは一応わかります。不安なのは、分析システムで資金移動表を作成している場合でも、簡便法キャッシュフローを手計算している人が多いのではないかということです。前述のように、資金移動表における経常収支は、若干の差はありますが、ほぼキャッシュフロー計算書の営業キャッシュフローに対応するものです。分析システムにおいて経常収支計算の結果が出ているのに、あえて簡便な、つまり不正確なキャッシュフローを電卓で計算してみる必然性はないはずです。
　以下の図表は、ヤマダ電機の簡便法キャッシュフローとキャッシュフロー計算書から算出した各種のキャッシュフローを比較したものです。フリー・キャッシュフロー（FCF）は〈営業キャッシュフロー＋投資キャッシュフロー〉で、ネット・キャッシュフロー（NCF）は〈FCF＋財務キャッシュフロー〉で計算しています。ヤマダ電機の場合、簡便法キャッシュフローは２期連続で増加していますが、営業キャッシュフローはそれとは裏腹に推移しています。簡便法について「簡便すぎる」と批判するのもおかしな話ですが、実際、簡便法キャッシュフローと営業キャッシュフローとの間にはかなり差があることがわかると思います。

【株式会社ヤマダ電機のキャッシュフロー】
(単位：百万円)

	第23期 00/06	第24期 01/06	第25期 02/06
当期純利益	5,564	8,790	10,244
減価償却費	2,245	3,070	4,059
配当金 役員賞与	547	707	752
簡便法CF	7,262	11,153	13,551
OCF	9,027	16,196	3,303
FCF	▲11,727	▲15,160	▲25,762
NCF	8,086	3,389	▲2,438

(同社有価証券報告書より加工・作成)

この問題にこだわるのは、融資審査において、ようやくキャッシュフローを重視する風潮が出てきたのに、簡便法を使っていては、ほとんど進歩したことにならないからです。
　簡便法キャッシュフローの最大の弱点は、運転資金の増分の影響を加味していないことです。もともと、中小企業の財務諸表には粉飾操作されたものが多々あります。そうした財務諸表を分析する際に、粉飾効果を減殺する効果のある正しいキャッシュフロー計算を行わないのは合理的ではありません。
　経常収支計算の結果を無視して簡便法キャッシュフローを利用するのは、内視鏡検査の結果を見ないで、レントゲン写真で病状を判断するようなものです。

7. 経常運転資金を必要としない場合

■■ 回転差資金とは

　「ユニクロ」（企業名：ファーストリテイリング）の会長兼社長である柳井正氏の著書『一勝九敗』（新潮文庫）に、次のような文章があります。

　（92年4月には）「直営店53店、FC店7店」、（94年4月には）「直営店が予定の100店舗を超え、109店となった」。

　同社の出店ペースは2年間で56店舗とハイペースです。単純にいって月2店舗ずつ開店したことになります。それだけのペースで新規出店を続けるには相当の企業力が必要ですが、同時に資金力も要求されます。「出店資金は回転差資金と銀行借入に頼っていた」と柳井氏は述べています。

　回転差資金とは、〈売上債権＋棚卸資産－買入債務〉、または〈売上債権回転期間＋棚卸資産回転期間－買入債務回転期間〉の計算結果がマイナスの場合に生じる余剰資金のことです。

■ ユニクロの回転差資金を利用した出店展開

　「ユニクロ」はハイスピードな多店舗展開のための資金として、この回転差資金を利用していたわけです。小売業なので売上はほぼ現金です。そのため、買入債務の支払期日まで余剰資金が生じます。これを次の出店資金に回したのです。これは、かつてダイエーやジャスコなどのスーパーマーケットが初期において採用した手法です。この手法が成立するためには、先に出店した店の売上高が順調に推移する必要があり、どこかでつまずくと、キャッシュフローが悪化することになります。一種の自転車操業で、この循環に終止符を打つには出店ペースを落とすか、規模の拡大によって信用力を高めて金融機関からの資金調達にウエイトを移すか、上場によって潤沢な資金を手に入れる必要があります[*1]。

　「ユニクロ」の場合、1994年7月に広島証券取引所に上場し、その結果、「一夜で134億円という大量の資金」を手に入れました。柳井氏は「これで資金繰りの心配をしなくてもよくなった」と述べています。

図表3-9 「ユニクロ」の各種回転期間と運転資金　　（単位：百万円、月）

年度	(a)買入債務	同左回転期間	(b)棚卸資産	同左回転期間	(c)売上債権	同左回転期間	(d)必要運転資金	同左回転期間
93	4,227	2.03	1,917	0.92	250	0.12	▲2,060	▲0.99
94	5,084	1.83	2,604	0.94	205	0.07	▲2,275	▲0.82
95	9,002	2.22	4,062	1.00	261	0.06	▲4,679	▲1.15
96	11,205	2.24	7,153	1.43	359	0.07	▲3,693	▲0.74
97	13,258	2.12	7,528	1.20	365	0.06	▲5,365	▲0.86
98	16,560	2.39	8,814	1.27	386	0.06	▲7,361	▲1.06
99	19,160	2.07	10,026	1.08	648	0.07	▲8,486	▲0.92
00	42,834	2.24	20,646	1.08	1,823	0.10	▲20,364	▲1.07
01	63,533	1.82	30,415	0.87	3,684	0.11	▲29,434	▲0.84
02	47,637	1.67	29,332	1.03	3,142	0.11	▲15,163	▲0.53

(d) = ((b) + (c)) - (a)

＊1　回転差資金を利用して急速な多店舗展開を進めると、流動比率（82ページ参照）は100％を下回ることが多くなる。もともと、売上債権が少ないうえに、手元の現金を固定資産投資に回すため流動資産が薄くなるためである。

---

one step up

企業間信用

―― Column

　商取引に関連して企業間で授受される信用を「企業間信用」といいます。商品やサービスの受渡し後、一定期間代金の支払を猶予することから発生する売上債権（受取手形・売掛金）、買入債務（支払手形・買掛金）がそれです。

　企業間信用は、与信側企業（売上債権を有する企業）にとっては顧客維持と販売促進の機能を持ち、受信側企業（買入債務を有する企業）にとっては金融機関からの借入と同様に、（支払を猶予してもらうという意味で）短期の資金調達手段となります。上記の回転差資金を利用した「ユニクロ」は企業間信用を活用したともいえます。

質疑応答

Q：回転差資金は、現金商売をしていない企業にはできない事なのでしょうか。また、現金商売の企業が回転差資金に頼ることはごく一般的な事なのでしょうか。

A：現金商売に限らず、売上債権と棚卸資産の回転期間が短い（回転率が高い）企業であれば回転差資金が発生します。業種としては、現金商売の小売業や飲食店などが該当します。「回転差資金に頼る」ということですが、「ユニクロ」のように、積極的出店（投資）の費用を回転差資金に頼ることはケースバイケースだと思います。金融機関の支援態勢（融資姿勢）が積極的なら借入金に頼ることも多々あるでしょう。

　積極的な投資を行っていない企業は、「回転差資金に頼る」というよりも、経常運転資金を必要としない状態で経営していることになります。こうした企業は、経営内容が良ければ、一般的には預金残高が安定して高めに維持されているので、金融機関からすれば安心感がある企業となります。

> Q：回転差資金による出店は、大企業や成長企業なら信用できそうですが、中小企業ではつぶれそうというか、必死な感じを受けるのですが、違いますか。中小企業がこれをやっている時はどう対応しますか。
> A：大企業の中にも成長企業と衰退企業があり、中小企業の中にも成長企業と衰退企業があります。「ユニクロ」もダイエーもイトーヨーカ堂もかつては中小企業でした。大企業か中小企業かによって対応が変わるのではなく、成長企業か衰退企業かといった観点や企業のビジネスモデルを評価して対応します。

8. 不健全資産の処理

■■ 不健全資産は利益の水増しにつながる

　財務分析を行う場合、貸借対照表の借方、資産項目の健全性を検討し、不健全資産を資産と純資産から控除減算します。本来、費用とすべきものや資産性に乏しいものを資産として計上していると、不健全資産の計上分だけ総資産、すなわち利益が水増しされていることになるからです。

　不健全資産とは、換金性（資産性）のない資産、多少の換金性があっても確実性に乏しいものをいいます。当座資産、棚卸資産以外のその他流動資産のうちの資産性が欠如、希薄、不明確、曖昧な資産が不健全資産で、以下のような科目が該当します。

> ① 雑流動資産：仮払金・短期貸付金・未収入金・未収収益・立替金・前払費用等
> ② 長期貸付金・長期未収入金・長期前払費用等
> ③ 繰延資産

■■ 資産性がない理由とは

前払費用や繰延資産は、会計法規上は合法の存在ですが、換金性の観点からは不健全資産に該当します。この中でも仮払金、短期貸付金、未収収益、繰延資産については要注意です。

・仮 払 金	→	金銭の支払はあったが、処理すべき科目や金額の確定していないものについて使われます。本来は費用とすべきもので資産性はありません。
・短期貸付金	→	回収の当てのない売掛金の貸倒れや受取手形の不渡りを、償却すると赤字になるので貸付金としていることがあります。
・未 収 収 益	→	営業外の継続的な収益の未収分で、利息、家賃、手数料などです。
・繰 延 資 産	→	長期前払費用的な性格を持ち、擬制資産という扱いを受ける勘定です。資産というよりは繰り延べている費用で資産性はありません。株式交付費、社債発行費等、創立費、開業費及び開発費などがありますが、中小企業の財務諸表にはめったに登場しません。

■■ その他の不健全資産は回転期間をチェック

当座資産、棚卸資産の中に不健全資産が含まれている場合があります。売掛金のうちの不良債権化したものや、受取手形のうちの不渡手形などです。これらを見分けるには回転期間分析で推定して、勘定科目明細表を見てチェックします。

回転期間が不自然に長期化している場合、勘定科目明細表で売掛金、受取手形の中で前期と残高が変わらないもの（固定化しているもの）がないか確認します。

また、経営者のヒアリングも重要な作業で、回収条件をヒアリングし

ます。現金、売掛金、受取手形の比率と売掛期間、手形のサイト（期間）がわかれば、以下の計算で月商（あるいは取引先別月商）から売掛金残高、受取手形残高が予想できます。

予想残高＝ 月商×売掛金または受取手形の比率×売掛金または受取手形の期間

この予想残高と実際の残高の相違が大きければ、疑わしいと考えられます。

■ 不健全資産の決算書上の処理

不健全資産は、資産と純資産から控除します。そして「純資産－不健全資産＜０」の場合は、実質債務超過状態であるとみなします。

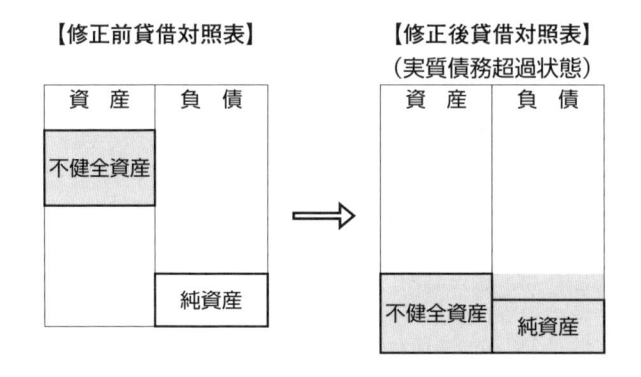

【修正前貸借対照表】　→　【修正後貸借対照表】
（実質債務超過状態）

資産	負債
不健全資産	
	純資産

資産	負債
不健全資産	純資産

不健全資産の対前期増加額は損益計算書の当期純利益から控除します。次ページの図のように「当期純利益－不健全資産対前期増加額＜０」の場合は、実質赤字とみなします。

【修正前損益計算書】　　　【修正後損益計算書】

利　益	収　益
費　用	

→

不健全資産増加額	
	収　益
費　用	

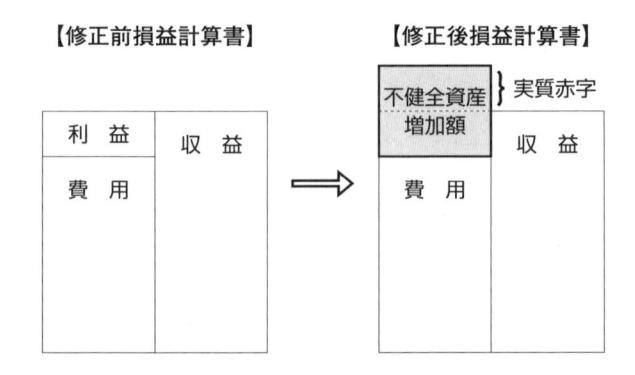

} 実質赤字

質疑応答

Q：資産性の有無というのは、結局、何に関係するのでしょうか。
A：「資産性」とは貸借対照表に資産として記載される性質をいいます。簡単にいうと財産価値、換金能力のことです。換金能力を失った資産を貸借対照表に記載していることは、資産の過大評価になります。意図的か否かは別にして、一種の粉飾行為ですから、企業分析においては、それらの項目（金額）を総資産から減額して見る必要があります。
　　たとえば、倒産した会社の株式は換金能力がありませんが、これを取得価額で貸借対照表に計上しておくことは資産の過大計上にあたるということです。

Q：不健全資産などの各種の数値を出すことは粉飾を暴くためのように聞こえましたが、融資判断のためには、いつも疑いの目を持つという姿勢が必要なのでしょうか。
A：粉飾を暴くというよりは、融資の安全性の原則などからすれば、粉飾した財務諸表に基づいて融資判断を下すわけにはいかないので、まず、そのリスクを排除するというスタンスに立つということです。

9. インタレスト・カバレッジ・レシオと損益分岐点分析

　経常収支とともに、融資判断に有効なのが、インタレスト・カバレッジ・レシオと損益分岐点分析です。

■■ 金利負担能力をみる～インタレスト・カバレッジ・レシオ

　インタレスト・カバレッジ・レシオ（interest coverage ratio：略称「インカバ」）は、金利負担能力がどのくらいあるかを示す指標で、次の算式で求められます。

インタレスト・カバレッジ・レシオ

$$= \frac{営業利益＋受取利息・配当金}{支払利息割引料} = \frac{事業利益}{金融費用} \quad [単位：倍]$$

　「インカバ」は実数法の分析手法です。1倍以上が絶対条件（1倍以下では赤字＝経常損失）で、最低1.5倍はほしいところです。
　金利負担能力が高いということは、新たに融資をしても、その金利支払のために赤字になりにくい、金利が上昇しても赤字になりにくい、など金融機関側から見て安全性が高いということを示します。

■■ 売上高の変化に伴う損益の変化がわかる損益分岐点分析

　損益分岐点（break-even point）の分析も、実数法分析です。損益分岐点分析（break-even analysis）は、CVP分析（cost-volume-profit analysis）とも呼ばれます。
　収益と費用が等しく、利益も損失も生じない売上高のことを損益分岐点といい、企業の収益構造を検討したり、利益計画をたてるために使われます。「収益と費用が等しく、利益も損失も生じない売上高」ですから、損益分岐点においては、〈売上高（S）＝費用（C）〉となります。この

分析手法では、費用を固定費と変動費に分解し、売上・費用・利益の関係を分析します。固定費は売上高に関係なく発生する一定額の費用で、変動費は売上に比例して増減する費用です。固定費には人件費、減価償却費、家賃・地代、保険料などが含まれ、変動費には材料費、外注加工費、販売手数料、商品配送費などが該当します。

費用を固定費と変動費に分解することを固変分解といいます。一般的な固変分解の方法として、いわゆる日本銀行方式と中小企業庁方式があります（**図表3－10**）。

図表3－10 固変分解の方法

日本銀行『主要企業経営分析』	
固定費	（販売費及び一般管理費－荷造運搬費）＋労務費＋（経費－外注加工費－動力燃料費）＋営業外費用－営業外収益
変動費	売上原価－労務費－（経費－外注加工費－動力燃料費）＋荷造運搬費

中小企業庁『中小企業の原価指標』		
製造業	固定費	直接労務費、間接労務費、福利厚生費、減価償却費、賃借料、保険料、修繕料、水道光熱費、旅費・交通費、その他製造経費、通信費、支払運賃、荷造費、消耗品費、広告宣伝費、交際・接待費、その他販売費、役員給料手当、事務員・販売員給料手当、支払利息・割引料、従業員教育費、租税公課、研究開発費、その他管理費
	変動費	直接材料費、買入部品費、外注工賃、間接材料費、その他直接経費、重油等燃料費、当期製品仕入原価、期首製品棚卸高－期末製品棚卸高、酒税
販売業（卸・小売）	固定費	販売員給料手当、車両燃料費（卸売業の場合50％）、車両修理費（卸売業の場合50％）、販売員旅費・交通費、通信費、広告宣伝費、その他販売費、役員（店主）給料手当、事務員給料手当、福利厚生費、減価償却費、交際・接待費、土地建物賃借料、保険料（卸売業の場合50％）、修繕費、光熱水道料、支払利息・割引料、租税公課、従業員教育費、その他管理費
	変動費	売上原価、支払運賃、支払荷造費、荷造材料費、支払保管料、車両燃料費（卸売業の場合のみ50％）、車両修理費（卸売業の場合のみ50％）、保険料（卸売業の場合のみ50％）

（注）小売業の車両燃料費、車両修理費、保険料は、すべて固定費に入る。

図表3−11 損益分岐点

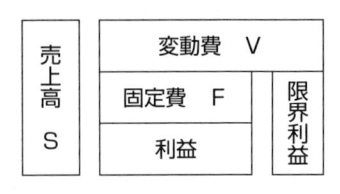

	変動費　V	
売上高 S	固定費　F	限界利益
	利益	

【損益分岐点の図解】

- 売上高の傾きは45°で、総費用線の傾きは変動費率（＝変動費÷売上高）を示す。
- 変動費率が変化するときは、総費用線の角度が変わる。
- 固定費が変化するときは、固定費線が上下し、変動費率が変化しなければ、総費用線はその角度のまま上方にシフトする。

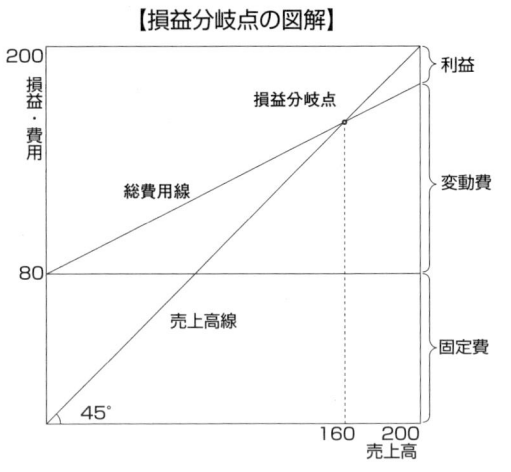

なお、対象企業が小売業の場合には、簡便法として次のように固変分解する方法もあります。

簡便法：固定費＝販管費（＋金融費用）
　　　　変動費＝売上原価

固定費をF（fixed cost）、変動費をV（variable cost）とすると、損益分岐点においては、〈S＝F＋V〉となります。
この式を次のように変形すると、損益分岐点売上高が求められます。

$$S - V = F$$
$$S\left(1 - \frac{V}{S}\right) = F$$
$$S = \frac{F}{1 - \frac{V}{S}}$$

$$損益分岐点売上高 = \frac{固定費}{1-変動費率}$$

売上高と変動費の差額（S－V）を、限界利益（marginal profit）といいます。限界利益とは固定費と利益の和です。

限界利益＝固定費＋利益

限界利益を売上高で除したものを限界利益率といいます。

$$限界利益率 = \frac{限界利益}{売上高} \times 100$$

限界利益率は、売上が1だけ変化した時の限界利益の変化率です。売上高1億円、変動費6,000万円の企業の限界利益は4,000万円ですから、限界利益率は40％です。ここで売上高が1,000万円増えた場合、固定費は変化せず、変動費が600万円増加し、限界利益は400万円増加することになります。

限界利益は〈売上高－変動費〉ですから、

限界利益率＝1－変動費率

$$変動費率 = \frac{変動費}{売上高} \times 100$$

となります。したがって、

$$損益分岐点売上高 = \frac{固定費}{限界利益率}$$

と表すこともできます。

■■ 損益分岐点比率と安全余裕度

損益分岐点売上高を現実の売上高で除したものを損益分岐点比率といいます。当然、この比率は低いほど好ましいことになります。収益が低下したり、費用が上昇しても赤字になりにくいといえるからです。業種によって異なり、おおむね80％以内が理想とされていますが、国内の中小企業では、90％前後が一般的な数値です。

$$損益分岐点比率 = \frac{損益分岐点売上高}{売上高} \times 100$$

現実の売上高がどれだけ減少したら、利益がゼロになるかを示す指標として、損益分岐点比率を変形したM／S比率（margin of safety）があります。

M／S比率（margin of safety）

$$= 100 - 損益分岐点比率 = \frac{売上高 - 損益分岐点売上高}{売上高} \times 100$$

この比率は減収率の許容度を示すもので、安全余裕度とも呼ばれます。安全余裕度は当然、大きいほうがよいことになります。

■■ 販売数量ベースの損益分岐点

損益分岐点は、販売数量から求めることも可能です。ラーメン屋など単品経営に近い飲食店や小売業の場合、数量ベースで月にいくら売れば損益分岐点に達するかと考えたほうがわかりやすいことがあります。

事業計画を検討する場合、販売数量ベースで損益分岐点を計算し、飲食店の席数や営業時間などの条件を考慮して、目標売上高の「リアリティ」を分析するといった利用法があります。販売数量ベースの損益分岐点は、次のように求められます。

F：固定費、V：変動費

P：販売単価、Q：販売数量、X：損益分岐点販売数量

$$PX = \frac{V}{Q} \times X + F$$

$$X\left(P - \frac{V}{Q}\right) = F$$

$$\therefore X = \frac{F}{P - \frac{V}{Q}}$$

> ◆設例
>
> ラーメン屋中島家では500円のラーメンを月に3,000食売っている。変動費は30万円、固定費は50万円である。この場合、中島家の損益分岐点販売数量（X）は以下のように求められる。
>
> X＝500,000÷（500－300,000÷3,000）
> 　＝500,000÷400＝1,250食
>
> また、目標利益を20万円とすれば、中島家は毎月1,750食のラーメンを売る必要がある。
>
> X＝（500,000＋200,000）÷（500－300,000÷3,000）
> 　＝700,000÷400
> 　＝1,750食

■ 営業レバレッジでわかるビジネス・リスク

　変動費率と固定費が高い企業ほど、売上の変化に伴う増減益率が大きくなります。固定費の費用構造の差によって、売上変化が利益変化に与える影響を「営業レバレッジ」（operating leverage）といいます。

　営業レバレッジによって利益変化が増幅されると、将来の利益予想がいっそう不確実になり、リスクが増大します。この営業レバレッジがもたらすリスクは、売上自体の変動性と合わせて「ビジネス・リスク」と

呼ばれます。

　この営業レバレッジの決定要因である変動費率と固定費は、損益分岐点に反映されますから、損益分岐点が高い企業への融資は相対的にリスクが高いといえます。環境変化に対する収益力の耐性が低いからです。

　また、損益分岐点が高いと、利益計上する時点に達するまでに時間がかかるため、売上高を早期に伸ばすためにプライシングを低めに設定するという傾向を示すことがあります。

第4章
比率法による財務分析

1. 比率法の種類

　比率法は、2項目間の数値の割合を比率として算出し、それによって一定の事実や傾向を判断する方法です。比率法は関係比率・構成比率・趨勢比率の3つに分けられます。

> ① 関係比率：関係のある諸項目相互間の割合を示す比率。
> 　　　　　　流動比率、資本利益率、売上高利益率などがそれで、実務ではこの関係比率が多用されます。
> ② 構成比率：ある項目の全体に対する割合を示すもので、自己資本比率が典型的なものです。
> ③ 趨勢比率：ある項目の数期間の趨勢を探るもので、最初の基準年度を100%とし、それ以降の年度の数値を百分比によって示すものです。売上高、利益などの成長性を分析する時に利用されます。趨勢比率に対して、伸び率は増減率で示されます。たとえば、趨勢比率110%のとき、伸び率は10%の増加といいます。

■■ 比率分析指標とその計算

　図表4-1は、『中小企業の財務指標』から、比率分析における主要な分析指標を挙げたものです（一部修正しています）。これに基づいて、84ページのモデル事例の各指標を計算してみてください。

Ⅰ 財務分析編

図表4-1 比率分析の指標

比率名および算定式【単位】	比率の意味
①総合収益性分析	
1. 総資産営業利益率 営業利益÷総資産×100【%】	企業が総資産を使って営業活動を行った結果、どの程度営業利益を上げたかを示す指標である。
2. 総資産経常利益率 経常利益÷総資産×100【%】	企業が総資産を使って経営活動を行った結果、どれだけの経営利益を上げたかを示す指標である。
3. 総資産当期純利益率 当期純利益÷総資産×100【%】	企業に投下された総資産が、利益獲得のためにどれだけ効率的に利用されたかを示す指標である。
4. 経営資本営業利益率 営業利益÷(総資本-建設仮勘定-投資等-繰延資産)×100【%】	総資本のうち、企業が本来の目的である事業活動に使用している投下資本が、事業活動によってどれだけ効率活用され営業利益を上げたかを示す指標である。
5. 自己資本当期純利益率（ROE） 当期純利益÷自己資本×100【%】	調達資本を自己資本に限定して、当期純利益と比較することによって、自己資本がどれだけ効果的に利益を獲得したかを示す指標である。自己資本とは純資産から新株予約権と少数株主持分を差し引いたものである。
②売上高利益分析	
6. 売上高総利益率 売上総利益÷売上高×100【%】	売上高に対する売上高総利益の割合を示す指標である。
7. 売上高営業利益率 営業利益÷売上高×100【%】	当期の売上高に対して本業からの利益をどの程度生み出すことができたかを示す指標である。
8. 売上高経常利益率 経常利益÷売上高×100【%】	財務活動なども含めた通常の企業活動における売上高に対する経常利益の割合を示し、金融収支なども含めた総合的な収益力を示す指標である。
9. 売上高当期純利益率 当期純利益÷売上高×100【%】	売上高に対する当期純利益の割合を示し、企業活動が株主の配当原資や資本の増加にどの程度結びついたかを示す指標である。

比率名および算定式【単位】	比率の意味
10. 売上高対労務費比率 労務費÷売上高×100【%】	売上高に対する売上原価中の労務費の割合を示す指標である。労務費は内部生産に関する費用であるので、外注を多く利用する外部生産比率の高い企業はこの比率が小さくなる。
11. 売上高対販売費・管理費比率 販売費・管理費÷売上高×100【%】	売上高に対する販売費及び一般管理費の割合を表し、販売費及び一般管理費の効率性を示す指標である。
12. 売上高対人件費比率 人件費（販管費中）÷売上高×100【%】	売上高に対する販売費・一般管理費のなかの人件費（販管人件費）の割合を示す指標である。
③回転率・回転期間分析	
13. 総資産回転率 売上高÷総資産【回】	企業が経営活動に投下した総資本の回収速度を示し、総資産の運用効率を示す指標である。
14. 固定資産回転率 売上高÷固定資産【回】	固定資産の回収速度を示し、固定資産の運用効率を示す指標である。
15. 有形固定資産回転率 売上高÷有形固定資産【回】	建物、機械設備などの有形固定資産の回収速度を示し、有形固定資産の運用効率を示す指標である。
16. 売上債権回転期間 （割引・裏書譲渡手形含まず） （売掛金＋受取手形）÷売上高×365【日】	未回収の売上債権の回収に何日かかるかを示している指標である。
17. 売上債権回転期間 （割引・裏書譲渡手形含む） （売掛金＋受取手形＋割引手形＋裏書譲渡手形）÷売上高×365【日】	割引手形と裏書譲渡手形を含む未回収の売上債権の回収に何日かかるかを表している指標である。
18. 受取手形回転期間 （割引・裏書譲渡手形含まず） 受取手形÷売上高×365【日】	未回収の受取手形の回収に何日かかるかを示す指標である。売上債権回転期間の良否の原因となり、期間が短いほど資金繰りが容易になる。

比率名および算定式【単位】	比率の意味
19. 受取手形回転期間 （割引・裏書譲渡手形含む） （受取手形＋割引手形＋裏書譲渡手形）÷売上高×365【日】	割引手形と裏書譲渡手形を含んだ受取手形の回収に何日かかるかを示した指標である。
20. 売掛金回転期間 売掛金÷売上高×365【日】	売掛金の回収に何日かかるかを示す指標である。売上債権回転期間の良否の原因となり、回収期間が短いほど資金繰りが容易になる。
21. 棚卸資産回転期間 棚卸資産÷売上高×365【日】	製品、仕掛品、原材料などの棚卸資産の平均的な在庫期間を示し、棚卸資産に投下された資本の効率を示す指標である。
22. 製品（商品）回転期間 製品（商品）÷売上高×365【日】	製品（商品）の平均的な在庫期間を示し、製品（商品）に投下された資本の効率を示す指標である。
23. 原材料回転期間 原材料÷売上高×365【日】	原材料の平均的な在庫期間を示し、原材料に投下された資本の効率を示す指標である。
24. 仕掛品回転期間 仕掛品÷売上高×365【日】	生産工程の途中にある仕掛品の平均的な滞留期間を示し、仕掛品に投下された資本の効率を示す指標である。
25. 買入債務回転期間 （支払手形＋買掛金）÷売上高×365【日】	仕入に伴う買入債務を支払うには何日分の売上高が必要であるかを示す指標である。
26. 買掛金回転期間 買掛金÷売上高×365【日】	仕入に伴う買掛金を支払うには何日分の売上高が必要であるかを示す指標である。
27. 支払手形回転期間 支払手形÷売上高×365【日】	仕入に伴う支払手形の金額を支払うには何日分の売上高が必要であるかを示す指標である。
④財務レバレッジ分析	
28. 財務レバレッジ 総資本÷自己資本【倍】	総資本が自己資本の何倍あるかを示す指標である。

比率名および算定式【単位】	比率の意味
⑤短期支払能力分析	
29. 流動比率 流動資産÷流動負債×100【％】	短期的な負債を支払う資金がどれくらいあるかを示す指標である。
30. 当座比率 当座資産（現金預金＋受取手形＋売掛金＋有価証券）÷流動負債×100【％】	換金性の高い当座資産と１年以内に支払期限が到来する流動負債との比率で短期の支払能力を表し、流動比率を補完する指標である。なお、当座資産の算出式については本文９２・９３ページを参照。
⑥資本の安定性分析	
31. 自己資本比率 自己資本÷総資本×100【％】	企業が使用する総資本のうち、自己資本の占める割合がどの程度あるかを示し、資本構成から企業の安全性をみる指標である。
32. 負債比率 負債÷自己資本×100【％】	自己資本に対する負債の割合の程度を示し、負債の返済能力や負債の担保力をみる指標である。
⑦調達と運用の適合性分析	
33. 固定長期適合率 固定資産÷（自己資本＋固定負債）×100【％】	自己資本と社債や長期借入金などの固定負債によって固定資産がどの程度賄われているかを示す指標である。
34. 固定比率 固定資産÷自己資本×100【％】	固定資産に投下された資本がどの程度自己資本で賄われているかを示す指標である。
⑧キャッシュフロー分析	
35. CFインタレストカバレッジレシオ （営業キャッシュフロー＋支払利息割引料＋税金）÷支払利息割引料【倍】	支払利息などの金融費用を支払う際、営業利益でなく営業キャッシュフローベースでどの程度支払う能力があるかを示す指標である。
36. 営業ＣＦ対有利子負債比率 営業キャッシュフロー÷有利子負債×100【％】	営業キャッシュフローで１年以内もしくは１年以上にわたり支払わなければならない長期借入金や社債などの負債をどの程度賄えるかを示す指標である。

比率名および算定式【単位】	比率の意味
37. 営業ＣＦ対投資ＣＦ比率 営業キャッシュフロー÷投資キャッシュフロー（絶対値）×100【％】	投資キャッシュフロー全体を営業キャッシュフローでどの程度賄えるかを示す指標である。
⑨付加価値分析	
38. 付加価値比率 （売上高対加工高比率） （経常利益＋労務費＋人件費＋支払利息割引料－受取利息配当金＋賃借料＋租税公課＋減価償却実施額）÷売上高×100【％】	売上高に対する付加価値額の割合を示す指標である。この比率が高いほど内製加工率が高いことを表している。
39. 機械投資効率 （経常利益＋労務費＋人件費＋支払利息割引料－受取利息配当金＋賃借料＋租税公課＋減価償却実施額）÷設備資産【回】	機械、装置、工具器具などの設備資産の有効利用度をみる指標である。
⑩分配比率	
40. 労働分配率 （加工高対人件費比率） 人件費合計額（労務費＋人件費）÷（経常利益＋労務費＋人件費＋支払利息割引料－受取利息配当金＋賃借料＋租税公課＋減価償却実施額）×100【％】	付加価値に占める人件費の割合の程度を示す指標である。
⑪その他	
41. 借入金依存度 （短期借入金＋長期借入金＋受取手形割引高）÷総資産×100【％】	企業が保有している資産のうち、どのくらい資金が外部からの借入金によって賄われているかを示す指標である。
42. 売上高対支払利息割引料比率 支払利息割引料÷売上高×100【％】	売上高に対して、どの程度支払利息割引料があるのかを示す指標である。

第4章　比率法による財務分析　83

2. 演習～各種指標の算出

　C社の第Ｘ１期と第Ｘ２期の貸借対照表、損益計算書から、次の各指標を計算し、C社の収益性を分析してください（ただし比率は小数点以下第２位未満を切捨て。また④と⑤については期末数値を使用すること）。

【C社比較貸借対照表】　　　　　　　　　　　　　　　　　　　　　　（単位：千円）

科目	第×１期	第×２期	科目	第×１期	第×２期
流動資産	3,260,000	2,860,900	流動負債	2,594,240	2,206,980
現金預金	369,300	359,550	支払手形及び買掛金	354,500	153,500
受取手形及び売掛金	1,005,000	1,146,000	短期借入金	2,161,800	1,112,800
有価証券	294,000	294,000	未払法人税等	30,800	20,050
棚卸資産	1,042,200	1,042,200	その他の流動負債	47,140	920,630
その他の流動資産	163,800	163,880			
貸倒引当金	▲137,500	▲144,730			
固定資産	1,078,585	1,099,290	固定負債	715,100	812,100
有形固定資産	753,465	774,170	長期借入金	715,100	812,100
無形固定資産	75,120	75,120	純資産	1,029,245	941,110
投資その他の資産	250,000	250,000	資本金	750,000	750,000
			資本準備金	252,050	252,050
			利益剰余金	27,195	▲60,940
資産合計	4,338,585	3,960,190	負債及び純資産合計	4,338,585	3,960,190

【C社比較損益計算書】　　　　（単位：千円）

科目	第×１期	第×２期
売上高	4,353,000	4,376,000
売上原価	3,020,000	3,131,000
売上総利益	1,333,000	1,245,000
販売費及び一般管理費	1,325,705	1,299,825
営業利益	7,295	▲54,825
営業外収益	23,500	22,300
営業外費用	27,600	24,710
経常利益	3,195	▲57,235
特別利益	0	0
特別損失	0	0
税金等調整前当期純利益	3,195	▲57,235
法人税、住民税及び事業税	55,500	30,900
当期純利益	▲52,305	▲88,135

■ 計算と分析

① 売上高経常利益率

② 売上高営業利益率

③ 売上高総利益率

④ ROE（自己資本当期純利益率）

⑤ ROA（総資産経常利益率）

⑥ 売上高趨勢比率

　上記から、C社の収益性について述べてください。

∎∎ 計算の解答と分析の例

① 売上高経常利益率
(第X1期) 3,195 ÷ 4,353,000 × 100 = **0.07%**
(第X2期) ▲57,235 ÷ 4,376,000 × 100 = **▲1.30%**

② 売上高営業利益率
(第X1期) 7,295 ÷ 4,353,000 × 100 = **0.17%**
(第X2期) ▲54,825 ÷ 4,376,000 × 100 = **▲1.25%**

③ 売上高総利益率
(第X1期) 1,333,000 ÷ 4,353,000 × 100 = **30.60%**
(第X2期) 1,245,000 ÷ 4,376,000 × 100 = **28.45%**

④ ROE(自己資本当期純利益率)
(第X1期) ▲52,305 ÷ 1,029,245 × 100 = **▲5.08%**
(第X2期) ▲88,135 ÷ 941,100 × 100 = **▲9.36%**

⑤ ROA(総資産経常利益率)
(第X1期) 3,195 ÷ 4,338,585 × 100 = **0.07%**
(第X2期) ▲57,235 ÷ 3,960,190 × 100 = **▲1.44%**

⑥ 売上高趨勢比率
(第X2期÷第X1期)
　4,376,000 ÷ 4,353,000 × 100 = **100.52%**

▶ C社の収益性の分析例

　第X1期ではROEがマイナス、X2期にはROEとROAがマイナスで、売上高総利益率を除く売上高対比の各利益率もマイナスを示しており、収益性が低く、かつ悪化していることは明白です。売上高の趨勢比率は100%を0.52ポイント上回っています。
　売上高が若干伸びて、販売費及び一般管理費が減少しているにもかかわらず、営業損失となったのは売上原価率の上昇(売上高総利益率の低下)が原因です。簡便法で損益分岐点を計算して、損益分岐点比率が高いことを確認してください。

> **質疑応答**
>
> Q：融資判断においては、どの比率が一番重視されるのですか。
> A：安全性分析においてはキャッシュフローなど支払能力を示す指標を重視します。収益性分析においては、個人差があると思いますが、私が重視するのは次に述べるＲＯＡです。

3. 収益性分析に使われる指標

❶ ＲＯＡ（総資産経常利益率）

　総資産の運用効率を表す指標です。収益性に限らず企業経営全般の状態を測る代表的指標といえます。企業経営とは、負債と資本の形で調達した資金を、資産として運用する過程で損益計算上の利益を追求する行為だからです。分子の経常利益は一定期間の中で獲得されるものですから、分母の総資産も本来は期中平均の数値を利用するべきです。しかし、資産の期中平均は入手が難しいので、現実的には期首・期末の平均を利用することが一般的です。期中に大きな変化がなければ期末数値でもかまいません。

　ＲＯＡを「総資本（経常）利益率」と表記する書籍やテキストがあります。「中小企業の財務指標」もそのひとつですが、本書では修正して「総資産利益率」としています。ある書籍は、「総資産」は「総資本」と同じだから「総資本利益率」と表記すると理由を述べていますが、ＲＯＡのＡはAssets（資産）ですから、わざわざ「総資本」といい換える必然性がありません。総資産と総資本の数値は同じですから、計算結果は一致しますが、その意味するところは異なりますので、私は総資産利益率という表現を採用しています。

　なお、「総資本経常利益率」には、分子と分母の対応関係に問題があ

るという指摘があります。分母が「負債＋自己資本」の合計であるのに対し、分子は負債に対する支払利息等を差し引いた経常利益となっているからです。そこで、利子支払前（利払前）総資本利益率という考え方が出てきます。

$$利子支払前総資本利益率 = \frac{経常利益 + 利子}{総資本} \times 100$$

この場合の利子は支払利息・割引料、支払配当金を含む金融費用という意味です。

また、資産サイドに注目して、資産を経営資産と金融資産に分けて考えた場合、総資産事業利益率というROAの考え方もあります。

$$総資産事業利益率 = \frac{営業利益 + 金融収益}{総資産} \times 100$$

このように、分子に置く「利益」は、分析の視点やスタンスによって使い分けられますが、総資産に対する「利益」の比率をROAと総称するのです。

ROAは、売上高利益率と総資産回転率の積に分解できます。

$$ROA = \frac{利益}{総資産} = \underbrace{\frac{利益}{売上高}}_{(売上高利益率)} \times \underbrace{\frac{売上高}{総資産}}_{(総資産回転率)}$$

上記から、売上高利益率が高ければ、ROAも高くなるのが一般的です。一方、総資産回転率が著しく低い場合はROAも低くなりますが、それは収益性の問題というよりも、売上債権や棚卸資産の不良化など、資産の質の問題、設備や投資勘定への過大投資など資産構成の問題が内在していると考えるべきでしょう。総資産回転率は、卸・小売業で２回転前後、製造業や建設業で１～1.5回程度で、個別の企業によって大きく異なることはあまりありません。

また、ＲＯＡの比率の高低を左右する要因としては、次のようなものがあります。

① 売上高総利益率：製品コストまたは価格競争力
② 販売費及び一般管理費のコスト（管理水準）：売上高営業利益率の水準
③ 財務構造及び財務政策の巧拙（営業外損益）

❷ ＲＯＥ（Return On Equity：自己資本当期純利益率）

自己資本（株主資本）に対するリターンを測る比率で、分子は当期純利益です。未公開の自社株を保有するオーナー経営が多い中小企業の場合、経営者は意識していませんし、分析する側としても、あまり重視する必然性がありません。

株式投資などに際して、上場企業を分析する場合によく利用される指標です。

図表４－２ ROAとROEの関係

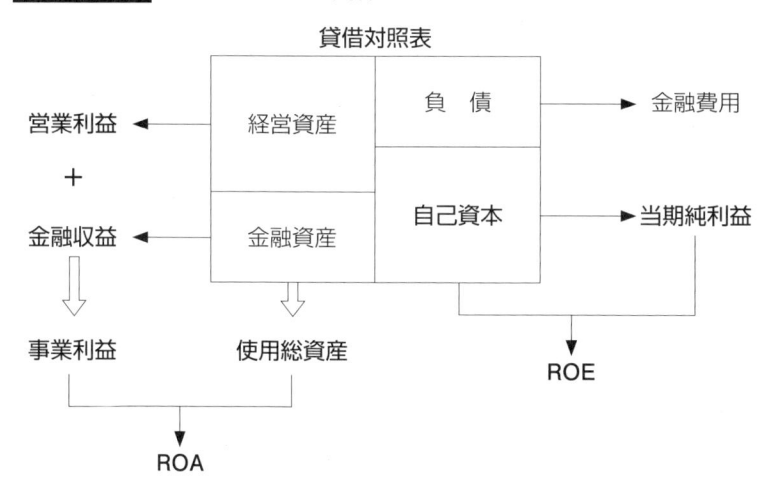

```
                        貸借対照表
                ┌─────────┬─────────┐
営業利益 ←──────│ 経営資産  │  負 債  │──────→ 金融費用
                │          │          │
    ＋          ├─────────┤          │
                │          │          │
金融収益 ←──────│ 金融資産  │ 自己資本 │──────→ 当期純利益
                └─────────┴─────────┘
    ↓               ↓                      │
 事業利益        使用総資産                  │
                                          ROE
       ↓
      ROA
```

第４章　比率法による財務分析　89

> **質疑応答**
>
> Q：ＲＯＡはどんなことを表しているのでしょうか。売上高経常利益率とどう違うのですか。
> A：前者は総資産運用の収益性（総資産の運用効率）を示し、後者は売上高対比の収益性を示します。
>
> Q：ＲＯＡは資産に対する利益の指標ということですが、資産を大量に必要とする業態は必然的に低くなってしまうのではないでしょうか。またＲＯＡを高くするということは資産の圧縮につながり、環境の変化に弱くなるように思うのですが。
> A：収益性は資産の大小ではなく、企業のビジネスモデルや競争力で決まります。また、ＲＯＡを高めようとすることが、そのまま資産の圧縮につながるというわけでありません。もちろん、リストラを実施して資産を圧縮しているような場合は別です。
>
> Q：ＲＯＥが投資判断に必要というのはなぜでしょうか。
> A：株主の持分である自己資本に対して、どの程度のリターン（投資家、つまり株主に帰属する利益である当期純利益）があったかを示す比率だからです。つまり資本の運用効率が示されるということです。

4. 安全性分析に使われる指標

■「2対1の原則」は有効か

❶ 流動比率

1年以内に支払期日が到来する債務に対して、1年以内に現金預金として流入する資産をどの程度有しているかというバランスをみる指標です。アメリカでは銀行家比率（banker's ratio）と呼ばれ、200％が理想とされています（two to one rule）。つまり支払義務に対して2倍の支払手段が求められるわけです。支払義務（負債）の2倍の支払手段（資

産）があれば、急いで流動資産を処分して資産が半減しても、負債を支払うだけの資金は確保できるという考え方です。もっとも、「半値八掛け五割引」という言葉があり、資産の処分を急ぐと、元値の 20％（＝ 100 × 0.5 × 0.8 × 0.5）になってしまうともいわれます。

　流動比率には問題点があります。それは、現金化が未定の売掛金などの資産を支払準備資産として計算することです。流動比率が高くても資金繰りに苦しんでいる企業は多数あり、同比率が低くても支払能力が高い企業も多々あります。これは資産の現金化の時期と負債の支払時期が一致しないためで、比率による支払能力の分析、静態的流動性分析の限界といえるでしょう。これに対して、経常収支などは動態的流動性分析といいます。

　流動比率の有効性は事業の継続を前提にしない場合、すなわち倒産や清算の時点において発揮されます。融資先が倒産したら会社に乗り込んで、商品や売掛金の請求権を押さえて処分して自らの債権に充当する、こういったスタイルの金融の場合、流動比率は有効なのです。ただし、これは「ナニワ金融道」[*1]の灰原君のスタイルです。金融機関にとって「安全性」とは、あくまで融資金の通常の回収（約定返済）の確実性の高さであり、それを端的に示すのが、経常収支などキャッシュフローなのです。

> *1 「ナニワ金融道」
> 青木雄二（1945-2003）原作の漫画で、1990 年から週刊モーニングに連載された。講談社漫画賞などを受賞したベストセラー。事業者・消費者金融（街金）の若手営業担当者を主人公に、金融の世界をリアルに描いた作品。都市銀行が新入行員の教育用テキストとして単行本を購入して話題になった。金融界を目指す人には必読の書といってもよい。

　日本の上場企業の流動比率は 120 〜 150％前後が実態で、「2 対 1 の原則」は適用できません。現実的には 120％程度が目安になると思います。

どの比率でもそうですが、基準値と表面的に比較して判断するのは危険です。次のように流動資産の質的な構造なども加味する必要があります。

> ① 現預金・一時保有の有価証券
>   有価証券は簿価ではなく、時価で評価する必要があります。担保に供されている預金については資産から控除する必要があります。ただし、流動負債に見合いの借入金があればその必要はありません。
> ② 売上債権
>   不良債権があれば、それを差し引きます。
> ③ 棚卸資産
>   不良在庫があれば、それを差し引きます。棚卸資産は一般的に「売上→売掛金→受取手形→手形の期日落ち」というプロセスを経て現金化します。つまり支払原資となるまでに長期間を要する資産で、棚卸資産がなければ、流動比率は200%も必要ありません。
> ④ 雑資産（その他流動資産）
>   法人税等の仮払いなど、これから資金として回収されない資産性のないものを除外します。役員などへの貸付金やそれに伴う未収金（未払利息）も金額的に大きい場合は除外します。支払手段として使える資産かどうかが、除外する場合の判断基準になります。この点については、67ページで詳述しています。

❷ 当座比率

流動資産から（現金化まで時間がかかる）棚卸資産を除いた当座資産と流動負債のバランスを見る指標で、英語表記の acid test ratio を訳して「酸性試験比率」などともいわれます。

当座資産＝流動資産－棚卸資産
　　　　または　現金預金＋売上債権（受取手形＋売掛金）＋有価証券

$$当座比率 = \frac{当座資産}{流動負債} \times 100$$

現金化まで時間がかかる棚卸資産を控除しているので、当座資産の額が流動負債と100％見合っていれば安全性は高いといえます。その意味で当座比率は100％が理想水準で、80％が目安となります。その際、評価性引当金である貸倒引当金残高を、売上債権から控除します。

■■ 固定負債を長期安定資本として固定長期適合率を見る

❶ 固定長期適合率

固定資産は長期にわたって利用され、投下資本の回収も減価償却を通じて長期で回収されます。そのため、その調達は返済負担のない自己資本によって成されることが望ましいと考えられます。そうした観点から、固定資産投資が自己資本によってどの程度まかなわれているかを見る比率が固定比率です。理想としては100％以下が望ましいとされます。

$$固定比率 = \frac{固定資産（含繰延資産）}{自己資本} \times 100$$

しかし、間接金融中心の中小企業の場合、過少資本のために固定比率が100％以下となる例は稀です。そこで、固定負債を長期安定資本として自己資本に加え、これと固定負債への投資額とのバランスを見るのが固定長期適合率です。

$$固定長期適合率 = \frac{自己資本＋固定負債}{固定資産} \times 100$$

この比率は、100％以下が（絶対）条件です。この比率が100％を超えるということは、固定資産への投資を流動負債で行っていることになるからです（右図参照）。

運用	調達
流動資産	流動負債
固定資産	固定負債
	自己資本

もっとも、例外のないルールはないというように、固定長期適合率が100％超、つまり流動比率

が100％以下という場合もあります。流通大手のイオンが一時期そういう状態でした（2004年2月期：流動比率49.1％、当座比率8.3％）。

イオンはこの時期、新規出店など積極的な投資を行っていたため、現金預金が相対的に過少でした。一方、買入債務が多かったため、上記のような比率になったのです。買入債務が多いということは、資金繰り上はプラスに働きます。また、回転期間が長いということはそれだけ取引先に信用があるということもできます（66ページのコラム「企業間信用」と31ページの「財務バランス」を参照）。

❷ 自己資本比率

自己資本比率は、総資本に対する自己資本の構成比率で財務の健全性を見る代表的指標です。分母の総資本には割引手形・裏書手形を加えないのが一般的です。

$$自己資本比率 = \frac{自己資本}{総資本} \times 100$$

自己資本の内容も吟味する必要があります。払込資本金以外の部分、つまり内部留保が厚い企業は配当負担が相対的に少なく、低コストの資本構造であるといえるでしょう。また、〈総資産－負債＝自己資本（純資産）〉ですから、資産の不良化や簿外負債の存在は自己資本を毀損していることになります。

質疑応答

Q：流動比率は、実際には何％ほどあれば、企業として問題ない水準となるのでしょうか。

A：一概にはいえませんが、120％以上あれば問題ないと思います。もちろん、資産の中に不健全資産がないことなどが前提ですし、本文でも述べたように、イオンのような例外もあります。

第5章

事例研究 1
―― 財務諸表の分析から融資の可否を決定する

　以下の事例企業概要、状況設定、ヒアリングの内容から、対象企業（㈱Ａトレーディング）の分析を行い、融資できるかどうかを判断します。

　分析は、財務諸表3期分から資金移動表を作成し、比率分析とヒアリングから得た情報をもとに行います。

　事例の本文の数値は万円単位で表記していますが、財務諸表と資金移動表などの分析表、および分析結果の例以下の解説は、事例企業の規模と地域金融機関の実情に合わせて千円単位で表記しています。

1. ㈱Ａトレーディングの概要

　㈱ＡトレーディングはＴ市Ｋ区に本店を置く貿易会社です。

　代表者は49歳、15年前に二部上場の中堅専門商社を退社し、元同僚と創業、3年後資本金1,000万円で株式会社を設立、さらに3年後に資本金を2,000万円に増資しています。

　景況の低迷とともに業績の低下が続いてきましたが、ここ数年、売上高が持ち直し急激に伸びているようです。

　主な取扱い製品は化学製品・原料で中国・ヨーロッパなど10数ヵ国のメーカーや商社から仕入れた製品・原材料を、国内のメーカーや商社に販売しています。また一部製品については輸入後に外注で加工して販売しています。販売先は約200社で、うち3社（商社・メーカー）は上場企業、その他は中小・零細企業です。

興信所の情報では、前期の売上高は、同業種のランキングで全国約1,200社中、第70位、T市のあるB県内では99社中、第3位に位置しています。

　本社は賃貸ビルの1フロアを借りていますが、T市内に2ヵ所、隣のS市内に1ヵ所の物流センターと倉庫があり、このうち1物件は自社所有です。従業員数は現在49名で、昨年は50名でした。

　取引金融機関は、地元地方銀行本店（メイン）と都市銀行、信用金庫の3行庫です。

2. 取引関係とヒアリング

■■ 渉外課員F君の話

　今年6月上旬、㈱Aトレーディングを新規訪問した結果、当座預金口座開設、定期預金1,000万円（1年もの）の内諾を代表者から得ることができました。それと同時に、増加運転資金として3億円の借入れと手形割引（ピーク3億円程度）の申込を受けました。そのとき、財務諸表3期分を預かりましたが、税務申告書・勘定科目明細書は他行にも提出していない、という理由で徴求できませんでした。

■■ 代表者からの融資申込およびヒアリング内容

　増加運転資金の借入は、証書貸付で返済期間5年、元金均等返済で金利は当行の最優遇金利（固定金利）を希望しています。

　手形割引は、メイン行が上場銘柄について低金利で応じているため、持ち込まれる手形は中小企業の振出の手形が大半になるが、金利は当行の基準金利でよいとのこと。また当座預金は平残5,000万円程度は維持できるということです。

売上高が今期も増加傾向で、現在の平均月商は約13億円です。X3年3月期に粗利益率が低下したのは、前期まで販売費及び一般管理費に計上していた「輸入手数料」983,444,573円を売上原価に算入したため、ということです。

　代表者の個人の資産状況は、代表者所有の不動産はなく（住居は土地建物とも同居する義父の所有）、金融資産として定期預金1,000万円のほか、時価500万円程度の有価証券を保有しているとのことです。

　以下に（株）Ａトレーディングの財務諸表等が掲載されています。

　図表５−１の貸借対照表では、売上債権の状況を見るために、本来は控除項目である受取手形割引高および裏書譲渡手形の残高を、流動負債に計上しています。

　ただし、**図表５−３**の比率分析表において、流動比率の計算にあたっては、同残高を流動負債から控除して計算しています。

図表5-1 ㈱Aトレーディングの貸借対照表

(単位：千円)

	X1/03	X2/03	X3/03		X1/03	X2/03	X3/03
現金預金	260,110	438,417	863,484	支払手形	872,365	0	288,728
受取手形	726,919	2,684,921	3,909,347	買掛金	627,941	2,748,543	2,791,211
売掛金	544,023	1,448,375	1,395,860	受取手形割引高	494,402	1,257,416	1,964,282
商品	677,697	899,855	892,409	裏書譲渡手形	0	1,187,559	1,686,203
その他	260,883	486,543	679,964	短期借入金	317,823	404,610	365,600
短期貸付金	94,676	125,732	172,896	未払法人税等	28,986	33,387	641
未収金・仮払金	67,633	105,773	169,050	その他流動負債	40,480	368,591	798,784
前渡金＋前払費用＋未収収益	12,141	36,389	36,267	流動負債合計	2,381,997	6,000,106	7,895,449
その他流動資産	88,933	248,649	356,751	長期借入金	560,760	511,982	400,480
貸倒引当金（▲）	2,500	30,000	55,000	退職給与引当金	0	1,422	1,528
流動資産合計	2,469,632	5,958,111	7,741,064	その他固定負債	4,800	4,800	4,800
建物	19,126	24,658	22,714	固定負債合計	565,560	518,204	406,808
機械		1,553	1,233	資本金	20,000	20,000	20,000
車両・器具・備品	7,283	12,631	13,208	利益剰余金			
				利益準備金	1,000	1,300	1,900
土地	484,190	484,190	550,675	その他利益剰余金			
その他有形固定資産	1,096	1,969	2,185	別途積立金			30,000
投資有価証券		6,300	6,300	繰越利益剰余金	22,520	67,405	119,307
投資その他の資産	9,750	117,603	136,085	利益剰余金合計	23,520	68,705	151,207
固定資産合計	521,445	648,904	732,400	株主資本合計	43,520	88,705	171,207
資産合計	2,991,077	6,607,015	8,473,464	負債・純資産合計	2,991,077	6,607,015	8,473,464

Ⅰ 財務分析編

図表５−２ ㈱Ａトレーディングの損益計算書　　　　（単位：千円）

		X1/03	X2/03	X3/03
売上高		3,169,714	6,985,643	10,395,781
売上原価		2,199,154	5,112,296	9,375,355
	期首商品棚卸高	244,198	677,697	899,855
	当期商品仕入高	2,632,653	5,334,454	9,367,908
	合計	2,876,851	6,012,151	10,267,763
	期末商品棚卸高	677,697	899,855	892,408
売上総利益		970,560	1,873,347	1,020,426
販売費及び一般管理費		887,060	1,628,986	951,753
	（うち従業員給与）	182,858	257,830	362,282
	（うち減価償却費）	12,442	10,810	10,736
	（うち輸入手数料）	221,514	740,344	
営業利益		83,500	244,361	68,673
営業外収益		85,466	36,474	247,514
	（受取利息配当金）	12,334	5,231	16,023
	（その他収入）	73,132	31,243	231,491
営業外費用		119,709	207,229	226,435
	（支払利息割引料）	119,709	207,229	209,906
	（その他支出）	0	0	16,529
経常利益		49,257	73,606	89,752
特別利益		5,247	6,579	0
特別損失		0	0	1,250
税引前当期純利益		54,504	80,185	88,502
法人税、住民税及び事業税		35,000	32,000	0
当期純利益		19,504	48,185	88,502
繰越利益剰余金前期末残高		3,016	22,520	67,405
利益準備金積立▲			300	600
剰余金配当▲			3,000	6,000
別途積立金の積立▲				30,000
当期純利益		19,504	48,185	88,502
繰越利益剰余金等期末残高		22,520	67,405	119,307

（注）株主資本の変動については、X1期は旧商法に基づいた決算で、X2期から会社法に基づく決算に移行したと仮定して、簡略に記載しています。

図表5-3 比率分析表

〈安全性〉	X1/03	X2/03	X3/03
流動比率（％）	104.64	98.82	96.36
当座比率（％）	54.79	58.98	58.03
固定比率（％）	1198.17	731.53	427.79
固定長期適合率（％）	85.61	106.92	126.71
自己資本比率（％）	1.45	1.34	2.02
経常収支比率（％）		88.14	97.84
インタレスト・カバレッジレシオ・（倍）	0.80	1.20	0.40
〈収益性〉			
総資産経常利益率（％）	1.65	1.11	1.06
売上高総利益率（％）	30.62	26.82	9.82
売上高営業利益率（％）	2.63	3.50	0.66
売上高経常利益率（％）	1.55	1.05	0.86
売上高当期純利益率（％）	0.62	0.69	0.85
〈成長性〉			
売上高趨勢比率（％）		120.39	48.82
経常利益趨勢比率（％）		49.43	21.94
総資本趨勢比率（％）		120.89	28.25
〈規模〉			
年商（千円）	3,169,714	6,985,643	10,395,781
総資産（千円）	2,991,007	6,607,015	8,473,464
自己資本（千円）	43,520	88,705	171,207
従業員（人）	50	50	49
〈回転期間〉			
売上債権回転期間（月）	4.81	7.10	6.12
買入債務回転期間（月）	5.68	6.76	5.50
棚卸資産回転期間（月）	2.57	1.55	1.03
〈その他〉			
総資産回転率（回）	1.06	1.06	1.23
損益分岐点売上高（簡便法）（千円）	3,287,968	6,847,179	11,834,619
損益分岐点比率（簡便法）	103.73	98.02	113.84

図表5-4 比較資金移動表

(単位:千円)

	X2/03	X3/03	増減額
＊経常収支の部＊			
経常収入			
売上	6,985,643	10,395,781	3,410,138
売上債権増 ▲	2,862,354	1,171,911	▲1,690,443
前受金等増	0	0	0
営業外収益	36,474	247,514	211,040
＊経常収入合計	4,159,763	9,471,384	5,311,621
経常支出			
売上原価	5,112,296	9,375,355	4,263,059
販売費及び一般管理費	1,628,986	951,753	▲677,233
営業外費用	207,229	226,435	19,206
棚卸資産増	222,158	▲7,446	▲229,604
仕入債務増 ▲	2,435,796	830,040	▲1,605,756
前渡金等増	24,248	▲122	▲24,370
減価償却費 ▲	10,810	10,736	▲74
貸倒引当金増 ▲	27,500	25,000	▲2,500
退職給与引当金増 ▲	1,422	106	▲1,316
＊経常支出合計	4,719,389	9,680,093	4,960,704
A 経常収支	▲559,626	▲208,709	350,917
＊固定収支の部＊			
設備支出			
固定資産増	138,269	94,232	▲44,037
繰延資産増	0	0	0
未収金・仮払金増	38,140	63,277	25,137
その他流動資産増	159,716	108,102	▲51,614
その他流動負債増 ▲	328,111	430,193	102,082
その他固定負債増 ▲	0	0	0
特別利益 ▲	6,579	0	▲6,579
特別損失	0	1,250	1,250
＊設備等支出合計	1,435	▲163,332	▲164,767
決算支出			
法人税等	27,599	32,746	5,147
配当金	3,000	6,000	3,000
＊決算支出合計	30,599	38,746	8,147
B 固定収支	32,034	▲124,586	▲156,620
＊財務収支の部＊			
財務収入			
増資	0	0	0
長期借入金増	▲48,778	▲111,502	▲62,724
短期借入金増	86,787	▲39,010	▲125,797
割引手形増	763,014	706,866	▲56,148
＊財務収入合計	801,023	556,354	▲244,669
財務支出			
有価証券増	0	0	0
長期貸付金増	0	0	0
短期貸付金増	31,056	47,164	16,108
＊財務支出合計	31,056	47,164	16,108
C 財務収支	769,967	509,190	▲260,777
A－B＋C 現預金増	178,307	425,067	246,760

■■ 分析結果

あなたの分析結果を書き出してみましょう。

① 安全性（支払能力）の面

② 収益性の面

③ ㈱Ａトレーディングへの融資の可否

3. 分析結果の例

　㈱Ａトレーディングは、２期連続で増収増益と成長性は高いが、経常収支比率がX2年３月期、X3年３月期で100％を下回っており、支払能力に問題があると考えられます。

　X3年３月期は、インスタント・カバレッジ・レシオが前期1.20倍から0.40倍に低下し、支払能力の低下を裏付けています。

　損益分岐点比率（売上原価を変動費、販管費＋金融費用を固定費として算出する簡便法による）も113.8％で、販売費及び一般管理費と金融費用の負担が売上高に対して過大になっています。

　損益分岐点が100％を超えていながら、経常利益を計上しているのは営業外収益があるためですが、経常収支比率を考慮すると、実質赤字で粉飾決算のおそれもあります（X3年３月期の経常利益は89,752千円であるが、未収金、仮払金、貸付金の増加額110,441千円を控除すれば、20,689千円の赤字）。

　また過去３期とも利益計上していますが、売上高当期純利益率を除く売上高対比の利益率はすべて低下しています。X3年３月期の売上総利益率の急激な低下は、代表者の説明通り当期から「輸入手数料」を売上原価に算入したためもありますが、その点を修正して「輸入手数料」を販売費及び一般管理費に算入しても、総利益率は19.3％で前期比マイナス4.0ポイントになり、全体的に収益性が低下していることがわかります。

　総資産経常利益率はX3年３月期で、前期1.11％から1.06％に低下しています。当比率が悪化したのは、総資産回転率が1.06回から1.23回へと改善したものの、売上高経常利益率が0.19ポイント低下したためです。さらに未収金、仮払金、貸付金など「不健全な流動資産」が増加

しているため、資産の質は低下しているといえます。

4. 融資の可否判断の例

結論「融資不可」

　今期の月商が13億円とすれば、前期比の月商増加額は約434,000千円になります。営業債権・債務の回転期間に変化がないとすれば、当期の増加運転資金所要額は、434,000千円×1.65ヵ月（売上債権回転期間6.12ヵ月＋棚卸資産回転期間1.03ヵ月－仕入債務回転期間5.50ヵ月）≒716,000千円で、割手ピーク申込額300,000千円とあわせて考えれば、融資の申込額300,000千円には一応の妥当性があります。

　しかし、資金移動表によると、経常収支が2期連続で100％を下回っており、支払能力の点で当社はすでに危険水準にあり[*1]、今回の申込も代表者のいう増加運転資金というより経常収支や固定収支の不足額の補填資金であると考えられます。現状では、この不足額を割引手形で補っており、固定資産や仮払金などの「不健全な流動資産」の増加を短期調達資金でカバーしているわけで財務バランスも悪い状態です。

　　*1　X3年3月期の経常収支比率はマイナスながら前期よりも9.70ポイント改善しているが、倒産する企業は、資金繰りが苦しくなると売掛金の回収や棚卸資産の処分などによって、資産の現金化を図ったり、支払手形のサイトの延長などで債務を増加させることがあり、倒産直前期の経常収支比率が前々期よりも改善するという例も見られる。

　資金調達力を失えば、すぐに支払不能（デフォルト）状態に陥るおそれが大きく、融資先としては不適切であるといえます。

　他行との取引振りについての詳細はわかりませんが、X3年3月期は長期・短期借入金が減少して割引手形が増加していることから、（信用力低下のため）商手銘柄に依存した資金調達しかできなくなっていると

いうことも考えられます。
　また、過去３期の借入利子負担率（支払利息・割引料÷（借入金＋割引手形）を計算すると、8.72％、9.53％、7.69％と金利水準からしても高率で推移しており、高利借入や簿外借入が存在する可能性もあります。
　さらに、税務申告書や同付属の勘定科目明細書の提出もなく、経営状態も不明であるため、本件融資の取上げは難しいといえます。

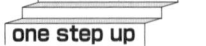

「ハードはソフト、ソフトはハード」
──真の差別化は目に見えない

Column

　研修などで「セブン－イレブンとローソンの店舗当り平均日販は？」という質問をよくします。解答は後に譲りますが、業界1・2位の両社の日販を比べると、セブン－イレブン（以下「セブン」と表記）の方が約12万円上回っています。店舗数はセブンが約12,000店、ローソンが約8,500店です。標準面積100㎡、アイテム数約2,500～3,000、24時間営業とほぼ同じ条件で、平均日販約12万円というのはかなりの差です。

　この差はいったいどこから生じるのでしょうか。両社の大きな違いは店舗展開です。セブンは36都道府県への出店にとどまりますが、ローソンは全国47都道府県に出店しており、店舗数を考えると店舗密度はセブンの方が高いといえます。セブンの高密度多店舗出店というドミナント方式に対し、ローソンは全国展開を重視しています。チェーンストアとしては、全国展開を目指すのは、ごく自然な方向性です。

　しかし、CVSのような小型店のチェーン展開の場合、小型店ならば狭い商圏でも自社競合（共食い）をおこさずに多店舗展開が可能、小商圏ならば消費者の趣味嗜好が異ならず同じ品揃えでよい、同僚店が近距離にあり商品の配送も効率的に行える、というメリットがあることを考えると、CVSのチェーン展開としてはセブンの方が合理的であるといえます。

　両社の違いは、結果的には、店舗展開の差という形で目に見えるものですが、基本的には運営思想の相違という見えない部分に由来しています。同様に、受発注の精度やノウハウなど、オペレーションにおけるソフト面の違いも目に見えません。また、CVSはパート・アルバイト店員の比重が高いため、12万円の差には、教育制度やマニュアルなどのソフト面の差が反映しているとも考えられるでしょう。

　ノーベル経済学賞を受賞したハーバード・サイモンは、「ハードはソフト（持続的な競合優位性が小さい）、ソフトはハード（持続的な競合優位性が大きい）」と述べました。システムや店舗展開などのハード面における相違は競合相手に追随されてしまいますが、非外形的な相違は容易に真似ができないという意味です。私流に表現すると、「真の差別化は目に見えない」ということになります。

※1店舗当りの平均日販は、セブン－イレブンが60万円、ローソンが48万円。（「日経MJ」(2008年7月23日)による）

II
マーケティング分析編

Introduction

　マーケティング分析は、「企業分析の目的その2：良好な企業の適正な評価」という観点から実施するものです。企業の経営活動、組織態勢などを戦略的マーケティングのフレームワークに落とし込んだ時、優れた整合性を有する企業を「良好な企業」と評価するのが、私のスタンスです。もちろん、完璧な整合性を有する企業はほとんどありません。大半の企業は多かれ少なかれ、ゆがみやいびつさを持っているものです。したがって、結果的には、定性的に「良くない企業」も評価することになります。ゆがみやいびつさの程度を査定して下す評価は、最終的には担当者の主観によることになります。ただ、その主観が独善に陥らないように、理論的なアプローチを尽くすことが要求されます。

　定性的な企業評価の色彩が濃いマーケティング分析の定量的な指標としては、ＲＯＡ（総資産利益率）を採用しています。企業活動とは負債と資本の形で調達した資金を、資産として運用するプロセス・サイクルですから、その成果は総資産の運用効率を示すＲＯＡで測るのが妥当だと考えるからです。

第6章
企業分析とマーケティング分析

1. 金融機関と企業分析

■ 財務分析は過去の分析

　「企業分析」というと、金融機関の職員はまず財務分析を思い浮かべます。金融機関における企業分析は、おカネを貸せる先かどうかという融資判断（融資の可否決定）のために行われる企業評価の作業です。その過程において、現在では財務諸表は最大の情報源として扱われています。

　ただし、「企業分析＝財務分析」ではありません。財務諸表の分析に加えて、企業の戦略や組織を総合的に分析評価するのが企業分析です。ラフな表現ですが、企業活動は「マーケティング」と「財務」という2つの概念でほぼ説明できます。マーケティングとは経営のシステム（仕組み）で、財務は経営活動であるマーケティングの結果を定量的に表すものです。したがって、財務諸表分析は結果の分析、過去の分析です。

　財務分析を結果の分析とすれば、マーケティングを分析するということは、結果に至るプロセスを分析することだといえます。"はじめに"で述べたように、分析とは原因となる現象と結果となる現象との関係を明らかにする行為です。しかし、これまでの融資審査のプロセスにおいては、結果である財務諸表の分析が大半を占めてきました。ある格付アナリストは、「企業格付における財務分析の比率は2割程度」と記述していました。財務分析以外の8割は競争環境など経営環境や経営戦略の分析にあてられるそうです。これに対して、地域金融機関の融資審査に

おいては、9割以上が財務分析に費やされていると思います。

■■ 財務分析とマーケティング分析の融合

　本書で述べる企業分析とは、財務分析とマーケティング分析を融合した概念です。格付けにおける企業分析と融資判断における企業分析は質的に異なる面がありますので、財務分析の比率が企業格付における場合のように2：8までいくべきだとは思いませんが、リレーションシップバンキング（課題解決型金融）においては5：5くらいのレベルになるべきだと考えています。そのレベルに達して初めて、「目利き」という「企業の将来性や技術力を評価できる人材」となり、「担保・保証（特に第三者保証）に過度に依存しない新たな中小企業金融に向けた取り組み」も可能になると思います。

2. マーケティング分析の必要性

■■ 融資担当者に必要なマーケティングの理論・知識

　本書の前半では財務分析について述べました。後半では企業の分析のもうひとつの要素であるマーケティングの基礎知識とマーケティング分析について解説していきます。
　企業分析において利用するマーケティングの知識は、大学の学部で受講するマーケティングとは異なります。正確には、利用する知識は同じなのですが、その使い方が異なるというべきかもしれません。企業分析においては、マーケティングを実践するという立場ではなく、マーケティング理論、知識を企業や経営者の評価に利用するからです。当然、融資担当者には財務分析能力の他にマーケティングの理論や知識に基づく分析力が要求されます。

■ 経営者の「暗黙知」を評価するための「形式知」

　中小企業のヒアリングなどにおいて、企業経営者が、経営戦略用語やマーケティング用語を使って自社の経営を語ることはあまりありません。多くの経営者は、「自社（自分）が何をするか」というオペレーションを具体的に語るだけです。戦略論やマーケティング理論の裏付けを持つ経営者は少数派です。

　経営者は戦略論やマーケティング理論から経営を考えず、自らの「経験と勘」や「暗黙知」(*1)で行動します。これに対して、書籍などで理論を身につけた融資担当者は、「形式知」(*2)でオペレーションを評価することになります。担当者の形式知が一定のレベルに達していれば、経営者の言動が単なる蛮勇なのか、それとも戦略的整合性を具備しているのかが判断できます。「差別化」や「同質化」など形式知の用語を使っていなくても、有能な経営者の意志決定は事業経験に裏付けられた理論的な整合性を有しているものです。

* 1　暗黙知 (tacit knowledge)……ハンガリーの物理科学者・社会学者のマイケル・ポランニーは「私たちは言葉にできるより多くのことを知ることができる」とし、言語化できない知識の存在を主張した。人間は人の顔を覚えていてもすべてを言語化できないし、自転車の乗り方や匠の技術なども言葉で説明するには限界がある。ポランニーはこうした経験の知や身体の知の存在を明らかにした。
* 2　形式知 (explicit knowledge)……第三者に理解できるように、文章や図、絵等で表現されている知識。野中郁次郎は、言葉にできないアナログな知識を暗黙知、言語化・マニュアル化できるデジタルな知識を形式知として、これらをダイナミックに相互作用させていくことで、新たな知識が創出されると提言した。

※上記は『マーケティング用語辞典』（和田充夫、日本マーケティング協会編・日経文庫）より引用（一部修正）

■ 企業分析は定量分析と定性分析の融合

　先に「財務諸表の分析に加えて、企業の戦略や組織を総合的に分析評価するのが企業分析」と定義しましたが、企業分析は「定量分析と定性分析を融合したもの」ともいえます。

定量分析の代表が財務分析です。一般にヒト・モノ・カネ・情報（ノウハウ）という4つの経営資源のうち、財務分析はカネの部分を分析するものです。財務分析以外の定量分析としては、販売力の分析があります。小売業の場合、売場面積1㎡当り売上高や従業員1人当り売上高の算出などがそれですが、これらは広義の財務分析の範疇に属するともいえます。

3. 同業他社との比較分析の事例

■■ 同業他社との比較分析

次の引用は、優れた販売力分析の例ですが、同時に同業他社との比較分析の好例にもなっています。

同業他社との比較分析は、クロスセクション法、経営比較法、企業比較法ともいわれます。証券投資における銘柄選択の際に多用される手法ですが、「どの企業を選ぶべきか」を考えるという意味で、学生の就職活動においても有効な考え方だと思います。

> 「大手スーパー各社の売場面積1平方米当りの販管費を見ると、ダイエーが最も低く、イトーヨーカ堂が最も高い。しかし、売場面積1平方米当りの売上高を見ると、イトーヨーカ堂が最も高く、最終的な売上高販管費比率はイトーヨーカ堂が最も低くなっている。ダイエーやジャスコはローコストを意識しすぎ、コスト削減を上回る売上不振を招き、売上高販管費比率を上昇させてしまったといえる」
> （『小売業の最適戦略』松岡真宏・日本経済新聞社・1998年）

これを要約すると、次のようになります。

> 《売場面積１平方米当りの販管費》　………　最下位：ダイエー
> 　………………………………………………　最高位：イトーヨーカ堂
> 《売場面積１平方米当りの売上高》………　最高位：イトーヨーカ堂
> 《売上高販管費比率》………………………　最下位：イトーヨーカ堂

　ダイエーとの比較でイトーヨーカ堂の「高コスト体質」を示したうえで、同社の高い生産性（つまり売場面積１㎡当りの売上高；資本投入効果）を指摘しています。引用文の続きでは、両者の戦略・戦術について記述し、最終的には「コストをかけて売上を伸ばす」というイトーヨーカ堂の強みにまで言及しています。優れた販売力分析・比較分析の事例です。

■ インプットとアウトプットの関係を見る

　上の例のように、生産性はインプットに対するアウトプットの量で表されます。

$$生産性 = \frac{アウトプット}{インプット}$$

　生産性の向上は常に経営上の重要課題ですが、生産性の向上を図るにあたって、経営者がダイエーのようにインプットを下げることを考えるのか、イトーヨーカ堂のようにインプットを上げて、アウトプットも上げることを考えるのかは、企業（経営者）評価において重要な分岐点となります。インプットの引下げだけに熱心で、アウトプットの増加に関心がない経営者は、コストコントロールだけが経営だという無邪気な経営感の持ち主であるといえます。

　一方、インプットを下げて、アウトプットを上げようという勇敢な（？）経営者も稀にいます。これを実現するためには、経営の仕組みやオペレーションについて、大胆な改革が必要で、思考がどこかでブレークスル

ーしている経営者がこのタイプに該当します。

> **質疑応答**
>
> Q：生産性の話のインプットは事業を行うために必要な資源、アウトプットは利益のことなのでしょうか。
> A：インプットは、資源あるいはコストです。アウトプットは利益またはキャッシュフローで測る場合もあります。
>
> Q：インプットを増やすという戦略は、ただ単に規模を拡大するということですか。
> A：投入する資源、あるいはコストを増加するということです。

分析には「総合」と「結論」が不可欠

　前にも述べましたが、財務諸表から流動比率などの財務指標を算出する作業は分析ではなく、単なる計算です。その計算した財務指標を読み込むところから分析が始まります。企業分析に限らず、通常、分析の作業は次には「総合」と「結論」というプロセスへと続きます。

　しかし、「分けてみる」だけで思考が停止してしまう人がかなりいます。対象を細かく分けてみるだけでは意味がありません。分けてみた結果を「総合」して、そこから何らかの判断、つまり「結論」に至る必要があります。企業分析とは、企業評価（valuation）のことで、最終的な価値判断を伴うものだからです。ダイエーとイトーヨーカ堂の比較の例でいうと、両者の販管費・売上高を比較分析した後に、両者の戦略・戦術について「総合」し、最後にイトーヨーカ堂の強みを「結論」づけているところが「結論」である価値判断にあたります。

WOMAN'S REASON？ ～分析に必要な客観化

Column

　分析とは、客観化（対象化）の作業です。企業分析においては、対象企業がなぜ優れているのか（あるいは劣っているのか）を論理的に表現しなければなりません。表現方法は、実務の場では口頭の場合もあれば文章の場合もありますが、論理的な表現を高めるためには、まず文章化の能力を高める必要があります。

　以前、融資案件を取り上げる理由として、「いい企業だから」という理由を挙げた人がいましたが、これはダメです。「そうだからそうなんだ」といっているだけで、まったく説得力がありません。こうした主張を、論理学では「女の理由」（woman's reason）といいます。これは、シェイクスピアの喜劇『ヴェローナの二紳士』第一幕第二場に由来するものです。そこでは、ある侍女が2人の紳士のうち1人を素晴らしいとほめるのですが、その理由として、こう述べるのです。

「理由と言われても、私には女の理由しかありません。つまり、そう思うからそう思う、というにすぎません」[※1]

　「いい企業だから」という理由も「いいからいい」といっているだけで、"I like it, because I like it." と同じなのです。英語では "Because is a woman's reason." （「だってが女の理由」）という言い回しがあります。

　社会学者で文章家として知られる清水幾太郎は、『論文の書き方』（岩波新書）で以下のように述べています。

「文章とは認識である。行為である」
「日本語を自分の外部に客観化し、これを明瞭に意識しなければならない」

　分析力を高めるためには、マーケティングや財務分析のテキストを読むのは当然として、良質な評論を読むことも有効です。評論もまた対象化、客観化の作業だからです。音楽でも映画でもスポーツでも自分にとって興味があるものを選べばよいでしょう。そして、自分が見聞きした映画や音楽、書籍などについて、実際に文章化してみることをお勧めします。対象は何でも良いのです。大切なのは分析（客観化・対象化）におけるアプローチ、プロセスであり、分析対象そのものではないからです。私も学生の頃から、読んだ本や見た映画、聴いた音楽などについて評論のようなものをノートに書いていました。

　週刊文春に連載されている「考えるヒット」というコラムは、音楽（J-POP）を素材に対象化を試みている好例です。書き手はミュージシャ

ンで音楽評論家でもある近田春夫で、一例を挙げると以下のようなものがあります。
　「グルーブということがいわれるようになって久しい。ではグルーブとは何なのだろう。(中略)「同じことの繰り返しが人を退屈させない」時、その音楽には"グルーブがある"というのが、私の基本的な、グルーブの考え方である」(※2)
　どうでしょう。グルーブの何たるかが見事に客観化されていないでしょうか。
　ちなみに「考えるヒット」というコラムのタイトルは、近代批評の大家、小林秀雄の評論集「考えるヒント」のもじりです。

※1『シェイクスピア全集Ⅰ』(小田島雄志訳・白水社) より
※2『考えるヒット2』(近田春夫・文春文庫) より

第7章
マーケティング分析とは

1. マーケティングとは

　これまで、数々の研修会で、延べ数百人の受講者の方に「マーケティングって何ですか」という質問をしていますが、すんなり正解が得られたことはほとんどありません。一度だけ、勤務先のインターンシップに参加していた大学生が、「（マーケティングは）セリングを不要にするもの」と答えてくれました。

　彼女の答えは、ピーター・F・ドラッカー[*1]の次の言葉に基づいています。

"Marketing is to make selling unnecessary."（マーケティングはセリングを不要にするものである）

> ＊1　ピーター・F・ドラッカー（1909-2005）オーストリア生まれ。1933 年渡英、1937 年渡米。ニューヨーク大学、クレアモント大学教授などを歴任。「経営学の父」とよばれる。

■■ セリングとマーケティングの違い

　ドラッカーの言葉にある「セリング」は hard-sell、押し込み販売といったニュアンスの言葉です。マーケティングがいかに進化しても、売り込み行為というセリング自体が不要になるわけでなく、ドラッカーの真意は、「売り込む前に売れる仕組みを作ることを優先せよ」ということにあります。

　セリングとマーケティングの機能を対比すると、次の表のようになり

ます。

セリングの機能	マーケティングの機能
・売り込み ・アクション中心 ・今日の糧を得る ・収穫をする（コスト発想） ・日常業務型 ・今日の効率（output/input）を問う	・売れる仕組みづくり ・頭脳中心 ・明日の糧を準備する ・成長の種をまく（投資発想） ・未来戦略型 ・明日の効果（市場への適合を問う）

出所：『顧客満足型マーケティングの構図』（嶋口充輝・有斐閣）

　マーケティングの機能としては、まず「売れる仕組みづくり」が挙げられています。繰り返しになりますが、「分析とは、原因となる現象と結果となる現象の関係を明らかにすることです。その意味で、原因となる経営の仕組みである経営戦略やマーケティングシステムと、結果である財務分析との関係を明らかにすることが企業分析の目的です」と本書のはじめに述べたのは、マーケティングの機能としての「売れる仕組みづくり」を前提としていたからです。

■■ マーケティングと金融機関

　地域金融機関の方に、この表を見せてから、「皆さんの組織はセリング志向ですか、マーケティング志向ですか」とたずねると、ほぼ全員が前者ですと答えます。セリングの機能として並んでいる「売り込み」以下の項目の語感は、地域金融機関の組織体質としてごく自然に受け入れられているようです。

　マーケティングは、メーカー・マーケティングとして発展してきた歴史的背景があり、サービス業である金融機関には縁遠い分野でした。従来の金融業界は規制が厳しい業界で、自由度の高いマーケティングが根付きにくかったという側面もありました。近年は、金融業界においても、サービス・マーケティングという言葉とともにマーケティングの必要性

が説かれるようになっていますが、金融機関において、マーケティングはまだまだ導入期にあります。融資審査における企業分析にマーケティング理論やその考え方を取り入れようとする試みも同様です。しかし、そのアプローチは「良好な企業を適正に評価」し、「担保や保証に過度に依存しない融資」を求めるリレーションシップ・バンキング（課題解決型金融）の実践には必須のものだと思います。

2. 進化するマーケティングの定義

　マーケターとしてマーケティングを実践することと、マーケティング理論を企業分析に応用することとは、やや筋肉の使い方が異なるのですが、マーケティング分析の技術や手法を修得することで、マーケターとしての能力が高まることも期待できます。ここで、マーケティングを位置づける、定義の変遷について確認しておきましょう。

■ 1960年のマーケティングの定義

　マーケティングの本家、アメリカのマーケティング協会（AMA）は、1960年にマーケティングを次のように定義していました。
"The performance of business activities that direct the flow of goods and sevices from producer to consumer or user."（マーケティングは、財とサービスの流れを生産者から最終ユーザーに方向づける全ビジネス活動である）[*2]

　『現代マーケティング 新版』（嶋口充輝、石井淳蔵・有斐閣）では、1960年の定義は「刺激―反応パラダイム」に基づいているとしています。「刺激―反応パラダイム」は、売り手が買い手に対して広告や販促活動によって販売刺激を与え、買い手の購買反応を引き出すという考え方で

す。ここでは買い手は主体性を持たない受動的な存在として見なされます。

　金融業界でも「顧客の貯蓄ニーズを覚醒する」といった表現が使われていたのを見たことがありますが、これもそうした考え方を踏まえた表現といえるかもしれません。

　このパラダイムの前提には、少数の巨大なニーズが市場を覆っていた、いわゆる大衆市場の時代背景があります。高度経済成長期以前の日本社会は大衆市場の時代で、マイカーやテレビ、冷蔵庫などの家電製品の未所有世帯が市場の大半を占めていました。当時のマーケティングは、マイカーのある生活がどんなに楽しいか、冷蔵庫があればどんなに便利かということを広告などで訴えて、消費者の購買反応を引き出そうとするものだったのです。

　しかし、このパラダイムでは、取引の成立によって売り手が満足する可能性は高い一方で、買い手の満足は必ずしも保証されません。売り込まれた買い手がその商品に常に満足するとは限らず、売り手と買い手の取引の継続性に不安が残るのです。

■■ 1985年のマーケティングの定義

　ＡＭＡは、このマーケティングの定義を、1985年に次のように改訂しました。

"The process of planning and executing the conception, pricing, promotion, and distribution of ideas, goods, and services to create exchanges that satisfy individual and organizaitional objectives."（マーケティングは、個人と組織の目標を達成する交換を創造するため、アイディア、財、サービスの概念形成、価格、プロモーション、流通を計画・実行する過程である）[*3]

＊2・3　1960年と1985年のマーケティング定義の翻訳は『現代マーケティング（新版）』（有斐閣）から引用。

　1985年の定義は「交換を創造する」という表現が象徴するように、「交換パラダイム」に基づいています。自由意志に基づく交換が成立するためには、売り手と買い手の双方が取引によって満足・メリットを得る必要があります。「交換パラダイム」は「刺激─反応パラダイム」では欠落していた「買い手の満足」を考慮しており、マーケターは売り手と買い手の両者にメリットがある「win-win（ウィン・ウィン）の関係」を目指すわけです。

日本における「戦略的マーケティング」の登場

　ＡＭＡによる1985年のマーケティングの定義改訂は、日本における大衆市場から分衆市場への構造変化と対応しています。分衆市場とは、小規模で多様なニーズが、混在する市場のことです。分衆市場の登場によって、環境適応を優先的な課題とするマーケティング戦略の重要性が増し、1980年代に入ってマーケティングと企業戦略論とが結びついた「戦略的マーケティング」という概念が登場しました。その結果、マーケティングは経営とほぼ等記号で結ばれるようになったのです。本書におけるマーケティングは、この戦略的マーケティングで、経営活動とマーケティングは同義的に位置づけられています。

2004年のマーケティングの定義

　中央大学商学部の三浦俊彦教授は、『地域金融機関のサービス・マーケティング』（住谷宏編著・近代セールス社）所収の「現代マーケティングの潮流とサービス・マーケティング」という論文の中で「戦略的マーケティングの登場によって一応の完成をみたかにみえたマーケティン

グ」と述べています。

　しかし、2004年5月、AMAはマーケティングの定義を以下のように改訂しました（翻訳は『地域金融機関のサービス・マーケティング』より引用）。"Marketing is an organizational function and a set of process for creating communicating and delivering value to customers and for managing customer relationships in ways that benefit the organization and its stakeholders."（マーケティングは組織とステークホルダー双方の利益のために、顧客に対し価値を創造・伝達・提供し、かつ、顧客との関係性を管理していく組織活動である）

　"relationships"、つまり関係性という言葉が象徴しているように、新しい定義は明らかに「関係性パラダイム」に基づいています。マーケティングは実学ですので、定義の改訂は現実のマーケティング活動を後追いする傾向があります。この新定義は、マーケティングのトレンドがリレーションシップ・マーケティングに移行したことを裏付けているといえますが、本書においては、従来のマーケティングの「完成形」として戦略的マーケティングを論じることで、マーケティングの考え方や知識について解説しています。

　マーケティングの理論や技術の大半は、従来のマーケティングが進化する過程で育まれたものです。最新のマーケティングであるリレーションシップ・マーケティングを「完成形」として取り上げないのは、三浦氏が前稿で指摘しているように「リレーションシップ・マーケティングは現在いろいろな形で研究と実践が積み重ねられているが、まだ確立した体系ができるところまでは至っていない」からです。最新型は必ずしも完成形とは限らないのです。

3. 戦略的マーケティングとは

■■ 戦略的マーケティングを構成する概念

　戦略的マーケティングは、おおまかにいえば戦略的マーケティング（経営戦略）とマーケティング・マネジメントの2つの要素で構成されています。1960年代に主流であったマーケティング・マネジメントと経営戦略論が1980年代に融合した結果が戦略的マーケティングです。

　戦略的マーケティングは、企業の経営機能全体を市場環境に適応させる方向付けを行う、経営戦略と表裏一体となった存在です。マーケティング・マネジメントは、経営戦略（戦略的マーケティング）の下位概念で、個々の製品レベルにおける対市場活動を展開するための基本的な枠組みを提供する伝統的なマーケティング・パラダイムです。マーケティング・マネジメントにおいて中心となるのは、「4P」とよばれる4つの要素です。Product（製品）、Price（価格）、Place（流通）、Promotion（プロモーション）が4Pで、戦略に基づき4つのPを組み合わせてマーケティングを展開することを「マーケティング・ミックス」といい、4Pとマーケティング・ミックスは互換的に使用されます。

■■ 企業分析への応用

　マーケティングを単なる販売技術と考える向きもありますが、戦略的マーケティングは企業の経営活動とほぼ一致する概念です。経営戦略は文字通り「戦略」レベルであり、マーケティング・マネジメントは「戦術」レベルに該当します。基本的なことですが、上位概念である経営戦略の策定が、下位概念である戦術レベルの方向性を規定します。

　こうした観点から中小企業の経営実態を見ると、「戦術的には正しくても戦略的には間違っている」ことや、「戦略がないので戦術的に正し

いかどうか判断できない」といったことが多々あります。そして、「戦略上の失敗は戦術では回復できない」と考えれば、経営上の失敗はトップ（経営者）の責任であり、成功は部下（社員）の手柄のはずなのですが、失敗を社員のせいにするばかりの経営者も結構います。

　ドラッカーは、戦略とは「正しいことを行う」（doing the right thing）ことであり、オペレーション（日常業務）は「物事を正しく行う」（doing things right）ことであるとしています。戦略が不在のまま、オペレーションだけで企業経営をしているところもあり、これを「オペレーションの戦略化」といいますが、戦略的マーケティングの考え方からは、決して好ましい状況ではありません。

　以上のような点も、企業の定性的な評価ポイントとして認識しておく必要があります。

4.　企業を方向付ける「経営理念」

■ 経営理念の必要性

　図表7－1は戦略的マーケティングのフレームワークを表したものです。最上位に「経営理念」・「目標」があり、そこから示される方向性と「市場環境」、「経営資源」の各要因を反映して、「全体戦略」が策定されます。この全体戦略が、戦略的マーケティングとして策定される経営戦略です。その下がマーケティング・マネジメントのレベルで、4Pで構成される「個別戦略」です。そして、組織構造との調整、戦闘レベルのオペレーション、管理システム、評価システムなどを包含して戦略的マーケティングのフレームワークは構成されています。

　最上位の「経営理念」・「目標」をあわせて「ビジョン」ともいいます。経営を通じて、企業が「どんな状態になりたいのか」「どんな状態を実現

図表7-1 戦略的マーケティングの全体枠組

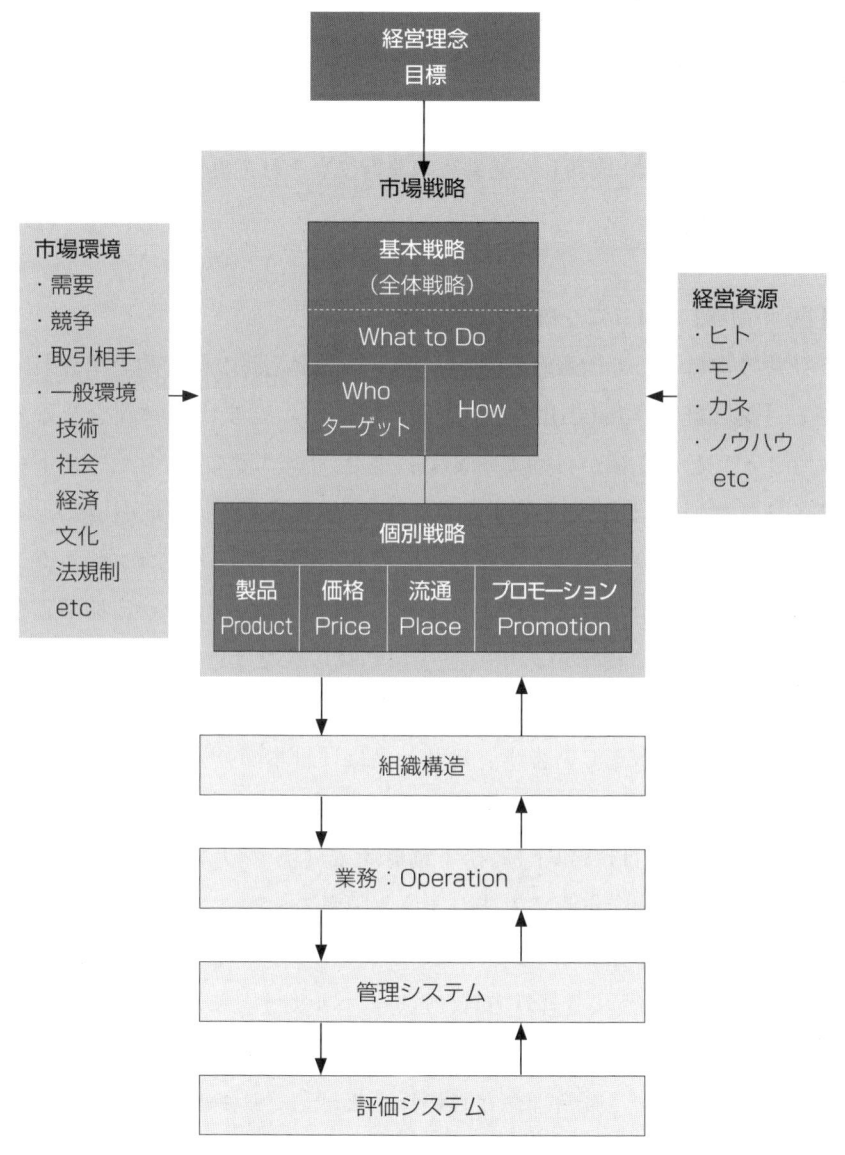

```
                    ┌──────────────┐
                    │  経営理念    │
                    │   目標       │
                    └──────┬───────┘
                           ↓
        ┌──────────────────────────────────────┐
        │            市場戦略                   │
        │   ┌──────────────────────────┐       │
        │   │      基本戦略            │       │
        │   │    （全体戦略）          │       │
        │   │────────────────────────  │       │
        │   │      What to Do          │       │
        │   │──────────────┬──────────│       │
        │   │   Who        │          │       │
        │   │  ターゲット  │   How    │       │
        │   └──────────────┴──────────┘       │
        │                                      │
        │   ┌──────────────────────────┐       │
        │   │      個別戦略            │       │
        │   │──────┬──────┬──────┬────│       │
        │   │製品  │価格  │流通  │プロモーション│
        │   │Product│Price│Place │Promotion   │
        │   └──────┴──────┴──────┴────┘       │
        └──────────────────────────────────────┘
```

市場環境
・需要
・競争
・取引相手
・一般環境
　技術
　社会
　経済
　文化
　法規制
　etc

経営資源
・ヒト
・モノ
・カネ
・ノウハウ
　etc

組織構造
↕
業務：Operation
↕
管理システム
↕
評価システム

出所：『現代マーケティング［新版］』（嶋口光輝、石井淳蔵・有斐閣）（一部加工）

したいのか」ということがビジョンです。経営理念やビジョン（あるいはそこから導かれるミッション）の存在意義は、経営の方向性を明示することです。日本の企業の経営理念はタテマエと化している例が少なくないのですが、経営学やマーケティングの書籍では、その重要性が常に強調されていますし、成功した経営者の発言にもそれを裏付けるものが多々あります。

■■「松下電器」と「ユニクロ」の経営理念

　経営の神様として信奉者が多い、故・松下幸之助の経営観を紹介している『実践経営学』（小川守正・PHP文庫）は、「まず経営理念を確立すること」という章から始まります。また、「ユニクロ」（ファーストリテイリング）には23条の経営理念があります。広島証券取引所に上場した1994年の時点では17条でした。株式公開を手伝ったコンサルタントに、理念を5つ程度に整理するように助言されたのですが、柳井正社長は「一つ一つに意味があり、どうして減らさなければいけないのか」といったそうです。現在では23条になっていますから[*3]、整理するどころか、逆に増えています。柳井社長は「日本の企業の多くは、経営理念という会社の基本部分が抜けている」とも発言しています（読売新聞2001年8月8日）。以下に、松下電器産業（現・パナソニック）と「ユニクロ」の経営理念をみてみましょう（図表7－2）。

　松下電器の経営理念はシンプルですが、ユニクロのそれはかなり具体的で、経営理念というより経営方針に近いレベルです。これはどちらが優れているかをいう問題ではなく、経営者の考え方の相違によるものです。

　明確なビジョン（経営理念と目標）を掲げ、それが組織内部に十分に浸透しており、従業員の日常行動にまで落とし込むことに成功している場合、それを「理念の制度化」された状態といい、戦略的マーケティン

図表7-2 松下電器と「ユニクロ」の経営理念

◎松下幸之助の経営理念（パナソニック Web サイトより）
※松下幸之助が 1929（昭和4）年に制定した松下電器産業の経営理念（綱領）
　産業人タルノ本分ニ徹シ
　社会生活ノ改善ト向上ヲ図リ
　世界文化ノ進展ニ
　寄与センコトヲ期ス

◎「ユニクロ」の経営理念（柳井正『一勝九敗』（新潮文庫）より）
・顧客の要望に応え、顧客を創造する経営
・良いアイデアを実行し、世の中を動かし、社会を変革し、社会に貢献する経営
・いかなる企業の傘の中にも入らない自主独立の経営
・現実を直視し、時代に適応し、自ら能動的に変化する経営
・社員ひとりひとりが自活し、自省し、柔軟な組織の中で個人ひとりひとりの尊重とチームワークを最重視する経営
・世界中の才能を活用し、自社独自の ID を確立し、若者支持率 No.1 の商品、業態を開発する、真に国際化できる経営
・唯一、顧客との直接接点が商品と売場であることを徹底認識した、商品・売場中心の経営
・全社最適、全社員一致協力、全部門連動体制の経営
・スピード、やる気、革新、実行力の経営
・公明正大、信賞必罰、完全実力主義の経営
・管理能力の質的アップをし、無駄を徹底排除し、採算を常に考えた、高効率・高配分の経営
・成功・失敗の情報を具体的に徹底分析し、記憶し、次の実行の参考にする経営
・積極的にチャレンジし、困難を、競争を回避しない経営
・プロ意識に徹して、実績で勝負して勝つ経営
・一貫性のある長期ビジョンを全員で共有し、正しいこと、小さいこと、基本を確実に行い、正しい方向で忍耐強く最後まで努力する経営
・商品そのものよりも企業姿勢を買ってもらう、感受性の鋭い、物事の表面よりも本質を追及する経営
・いつもプラス発想し、先行投資し、未来に希望を持ち、活性化する経営
・明確な目標、目的、コンセプトを全社、チーム、個人が持つ経営
・自社の事業、自分の仕事について最高レベルの倫理を要求する経営
・自分が自分に対して最大の批判者になり、自分の行動と姿勢を改革する自己革新力のある経営
・人種、国籍、年齢、男女等あらゆる差別をなくす経営
・相乗効果のある新規事業を開発し、その分野で No.1 になる経営
・仕事をするために組織があり、顧客の要望に応えるために社員、取引先が有ることを徹底認識した壁のないプロジェクト主義の経営

グの視点からは非常に良い組織経営の形であるといえます。

* 3　2009年6月現在、ファーストリテイリングの経営理念は、「ステートメント」1項目、「グループのミッション」2項目、「私たちの価値観」4項目、「私の行動規範」6項目で、全体の大きな理念からグループの目標、それを支える組織の価値観、個人の行動規範へと落とし込む形式に整理されているが、それぞれにわかりやすく説明がつけられたpdf 8枚にわたる形で公開されている。(http://www.fastretailing.com/jp/about/frway/pdf/FRWAY_Japanese.pdf)

5. 「戦略」と「戦術」の違い

■ よく混同される戦略と戦術

　図表7—1に示したように、全体戦略はビジョン（経営理念＋目標）を実現するために「何をするか」(what to do)を定めたものです。私はシンプルにコンセプトという場合もあります。もう少し厳密にいえば、全体戦略は、何を(what)、誰に(who)、どのように(how)という基本的な要素をふまえて策定します。

　戦略(strategy)は、ギリシャ語の"strategos"で、「将軍の術」(the art of general)という意味です。「将軍の術」ですから、戦略は大局的で長期的な概念です。これに対して戦術(tactics)はより局所的で短期的な概念です。戦略的マーケティングのフレームワークにおいては、個別戦略の4Pが戦術の構成要素です（4Pについては後述します）。「何をするか」という戦略に対して、「どうやるか」(how to do)を決定するのが戦術です。この点については、第11章で事業計画の見方としても述べています。

　何を(what)、誰に(who)、どのように(how)という基本的な要素は、戦術レベルにおける市場別、商品・サービス別などの個別戦略ごとに策定する必要があります。このレベルの何を(what)、誰に(who)、どのように(how)という設定は、当然、戦略レベルよりも具体的にな

ります。逆にいえば、戦略レベルのそれはもっと抽象的でシンプルなものになります。全体戦略は最もベーシックなものですから、企業が何に対して最大の力を注ぐかを示すべきものです。

　戦略の要諦は「絞りと集中」です。戦力（経営資源）の逐次投入（piece meal attack）は最も戒めなければならないことですが、現実には結構見受けられる事象です。

　マクドナルドの創業者、レイ・クロックが愛好したKISS（Keep It Simple, Stupid.：常に簡潔さと愚直さを心がけよ）という言葉通り、戦略の記述はシンプルなものです。ただし、シンプルだからといって、戦略目標を達成することが容易だというわけではありません。

　戦略と戦術はよく混同されます。"what to do"という戦略発想が欠如していて、いきなり戦術発想である"how to do"に入ってしまう人が多いのですが、本来「何をするか」を決めなければ、「どうやるか」は決定できないはずです。また「何をするか」「どうやるか」以前に、いきなり「いくら売るか：how much」になってしまう人もいます。こうした点が、経営者の資質を見る場合のチェックポイントになります。

6.「マーケティング・ミックス＝４Ｐ」と全体戦略

■ 全体戦略と環境の整合性を見る

　戦術レベルである「４Ｐ」という概念は、マーケティング・ミックスの構成要素としてのproduct（製品）、price（価格）、place（流通）、promotion（プロモーション）の４つの頭文字を取って総称したものです（４Ｐとマーケティング・ミックスは互換的に使用されます）。1960年代前半にジェローム・マッカーシーが提唱しました。当初、マッカーシーは流通について物流（physical distribution）を当てていましたが、

その後、さらに広い概念として"place"に差し替えました。

　全体戦略は、企業を取り巻く内外の環境に対して適応的でなければなりません。外部環境である市場環境、内部環境である経営資源の状態とのフィット（fit：整合）を測ることが戦略を策定する目的であるともいえます。全体戦略に基づいて、さらに具体的な戦術を練るのがマーケティング・ミックスの段階で、4Pを組み合わせてマーケティング戦略が策定されます。このマーケティング・ミックスは当然、全体戦略との整合性を保持していなければなりません。同時に4Pの各要素間の整合性も維持されている必要があります。こうした点が、企業（経営者）の戦略性を測るポイントになります。

■ 4Pへの批判と戦略的マーケティングへの流れ

　4Pはマーケティングの世界では広く普及している概念ですが、それだけに宿命的に批判もあります。たとえば、競争環境が考慮されていない、メーカーのマーケティング・ミックスの発想でサービスが抜け落ちている、といった指摘です。

　前者については、4Pだけを見ればその通りですが、戦略的マーケティングのフレームワークに落とし込んだ場合、戦略レベルで市場環境の分析を経ていますし、4Pのレベルで再度競争環境の分析を行えばよく、運用上の対応でこの点はカバーできると思います。後者のサービスの欠如については、コラム「夢を買いましょう〜事業の定義」を参照してください。

　1950年代から60年代前半、アメリカが経済成長期にあった時代には、4Pはまぎれもなく有効なマーケティング戦術でした。その時代背景として、第二次世界大戦後に住宅、家電製品、車などの耐久消費財に対する大きな需要が発生したこと（大戦中に「延期された消費」が発現した）

や、戦争中に高度化した軍事技術が民間部門に転用された結果、新製品開発、新用途の開発、代替製品の出現などマーケティング機会が多発したことが挙げられます。

しかし、公害や生態系の破壊などの弊害が生じたため、1970年代にはソーシャル・マーケティングの考え方が台頭し、企業活動においては社会対応を重視する必要が高まりました。製品中心のマーケティングから、企業全体の活動を統合する戦略的マーケティングへの移行は当然の流れだったといえるでしょう。

---

one step up　　「夢を買いましょう」～事業の定義

―――――――――――――――――――Column

　4Pにはサービスが欠落しているという批判があったと述べましたが、現在ではマーケティングで「製品」という場合、一般にはサービスを含むものとして考えられています。製品の定義については、フィリップ・コトラーによる「便益の束」（bundle of benefit）という考え方が主流です。製品を物理的な特徴でとらえずに、製品が顧客に与える満足の質・種類でとらえようとする考え方です。よく引用される事例が口紅です。「女性は口紅という物理的、科学的な特性を購入しているのではなく、美しくなりたいという夢を買っている」というものです。

　「便益の束」という製品の定義は、企業のビジョンなど事業の定義と関連しています。「我々は顧客に何を提供するのか」というテーマで、全体戦略における「何をするか」（what to do）と密接に関連しているのです。この問題に関して、1960年の『ハーバード・ビジネス・レビュー』にセオドア・レビットによる「マーケティング近視眼」（marketing myopia）という有名な論文が掲載されました。ここでレビットは、事業を狭く定義することによるリスクを「マーケティング近視眼」と呼んだのです。

　例として挙げられたのが、アメリカの鉄道会社です。アメリカの鉄道会社は20世紀初頭には隆盛を誇っていましたが、半世紀後には衰退してしまいました。これは、鉄道会社が自らの事業を「鉄道事業」と定義したためであるとレビットはいいます。「鉄道事業」ではなく「輸送サービス業」

と定義していれば、自動車や飛行機などの競争相手の登場に対抗できたはずと説きました。

　ここでは目的と手段の取り違えが指摘されています。顧客は目的地に行きたいから鉄道を利用するのであって、鉄道に乗りたいから乗るわけではありません（「鉄男君・鉄子さん」のような人たちは別ですが）。目的と手段の取り違えに関しては、レビットの論文に有名なエピソードが出てきます。そこでは「4分の1インチ・ドリルを買った人は何が欲しかったのか」という問いに対する、「4分の1インチ・ドリルが欲しかったのだろう」という答を否定します。解答は、顧客が欲しかったのはドリル自体ではなく、「4分の1インチの穴」であったというものです。

　こうした事例は他にもあります。たとえば、映画産業の競争相手はテレビなどのメディア産業だけでなく、東京ディズニーランドなど娯楽産業全般であるともいえるでしょう。この場合、映画会社の事業の定義は、"making movies" ではなく "providing entertainment" です。「ヤナギサワ」ブランドのサクソフォーンで世界的に有名なヤナギサワ管楽器の研究開発室長・森戸宏光氏は、「私たちは『楽器』を作っているのではなく、『音』を作っているんです」（読売新聞夕刊2007年8月18日）と語っています。適切な事業・製品の定義です。

質疑応答

Q：映画会社を「エンターテインメントを供給する」という視点でみると、ディズニーランドも映画会社のライバルであるという話について、目的の広義化だと思うのですが、そのような考え方は、企業がより多くの競争の中に組み込まれることにつながり、とても息苦しい状況に追い込まれるような気がするのですが……。
A：企業間競争というのは、本来息苦しいものです。

第8章
定性的な企業分析の考え方

1. 企業のポジショニングの確認

∷ マクロの「鳥の目」とミクロの「虫の目」、プラス「魚の目」で分析

　企業の経営課題を発見したり、事業計画書を見て評価するためには、財務分析だけでは不十分です。もっと広範な概念として企業分析という別途の視点が必要となります。以下、財務分析との接点も適宜示しながら、企業分析の考え方、手法について述べていきます。

　企業分析に限りませんが、分析という作業はまず対象を大きな視点でとらえる必要があります。企業分析においては、対象企業が属する業界の動向、状態などマクロの視点から始めて、次第に分析視点を企業内部の状態などミクロのレベルに移行していきます。担当者はマクロな「鳥の目」とミクロな「虫の目」を持つ必要があるのです。

　もうひとつ、意外に見落とされているのが「魚の目」です。これは潮の流れ、つまり景気や業界の動向を読む視点のことで、企業経営者にも融資担当者にも要求される重要な資質といえます。

∷ 企業の「強・弱・良・悪」を確認する

　図表8−1は縦軸に対象企業も含めた業界内の企業の売上高成長率、横軸に利益率やキャッシュフローなどのパフォーマンスの指標を取ったものです。中央の縦線、横線はそれぞれの平均値を示しています。各企業を結ぶ直線は過去の傾向値（トレンド）であり、「魚の目」で見た今

後の方向性を示すものでもあります。このマトリクスを使うと、対象企業の業界における位置付け、ポジショニングを確認することができます。

図表8-1 企業の「強・弱・良・悪」マトリクス

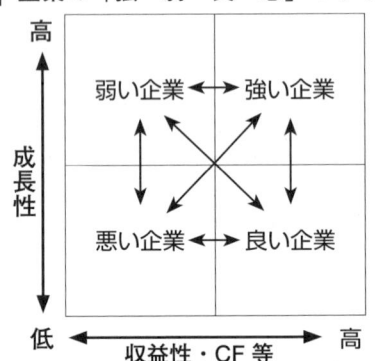

```
        高 ↑
           |  弱い企業 ←→ 強い企業
           |     ↑ ↖  ↗ ↑
         成 |       ×
         長 |     ↓ ↙  ↘ ↓
         性 |  悪い企業 ←→ 良い企業
           |
        低 └────────────────→ 高
              収益性・CF 等
```

出所:『ビジネス・ゼミナール会社の読み方入門』(松田修一・日本経済新聞社)より加工

　左下のセルは、成長性も収益性などのパフォーマンスも平均値以下で、ここに属する企業はいわば「悪い企業」です。

　左上のセルの企業は、成長性は高いもののパフォーマンスにおいて劣る「弱い企業」です。

　右上のセルの企業は、成長性も高くパフォーマンスも良好な「強い企業」です。

　右下のセルの企業は、成長性には欠けるものの、パフォーマンスは良好な「良い企業」ということができます。

■ 仮説を検証し、原因を探る

　ポジショニングを確認したら、次はその原因を探ります。たとえば、「良い企業」と「強い企業」との差は取扱製品の違いではないかといった仮説を検証していくのです。この仮説の設定力は、担当者の能力に大きく依存します。

　中小企業の場合、業界全体の成長性やパフォーマンスの指標が手に入

りにくいと思います。その場合、対象企業が主に活動している地域における業界全体の成長性を使い、パフォーマンスの指標には『中小企業の財務指標』に掲載されている業界（業種）の財務指標を使います。地域別の業界情報は毎年発行される『地域経済総覧』（東洋経済新報社）や『民力』（朝日新聞社）などを利用すると便利です。業種別の審査事典なども役に立つでしょう。

大企業との取引のウエイトが高い中小企業の場合、取引先の大企業が属する業界の「強・弱・良・悪」分析を行い、取引先企業のポジショニングを見ることも、対象企業の取引の安全性を見るという意味で有効です。上場企業の場合は『会社四季報』（東洋経済新報社）などによって情報は容易に入手できます。こうした分析資料は対象企業に提供すると歓迎されることもあるでしょう。

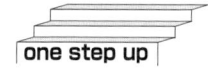

---

one step up　　　分析から結論へ〜演繹的帰納法

― Column

仮説の設定力は担当者の能力に大きく依存すると述べましたが、ひとつの仮説から結論を導き出すまでの論理の組み立て方（推論の形式）には、論理学の基本的な考え方をあてはめることができます。

演繹法や帰納法という用語はポピュラーなものですが、あらためて確認しておきます。

・演繹法（deduction）：前提（仮説）を個々の事例に当てはめて結果を導く。前提を認めるならば、結論も必然的に認めざるをえないもの。
・帰納法（induction）：個々の具体的事実から一般的な命題ないし法則を導き出すこと。特殊から普遍を導き出すこと。その際に前提と結論の間にある溝を跳び越す「帰納法的飛躍」が存在する。

企業分析・企業評価の世界には公理や定理は存在しませんから、純粋な演繹法は適用できませんし、個々の企業を分析するために、多数の事例を収集する帰納法も現実的ではありません。

一方、すでに他者によって発見、確立されている理論や知識は数多くあります。まず、それらを身に付けて、個別の事例について判断していくというアプローチをお勧めします。

　企業分析におけるこのアプローチは、イギリスの哲学者・経済学者であるJ・S・ミルが演繹と帰納を合体させた「演繹的帰納法」と呼ばれるものに属します。演繹的帰納法は、「命題（目的）→前提→分析→総合→結論」というプロセスをたどります。

　たとえば、本書における命題（目的）は、"はじめに"で述べたように、目的その1：倒産するおそれが大きい企業の選別、目的その2：良好な企業の適正な評価の2つです。前提は、企業からの融資の申込条件で、資金使途、返済財源、返済方法、取引状況などが該当します。分析は文字通り分析です。ここで財務分析にマーケティング分析を融合することが、本書のスタンスです。

　金融機関の現場において、分析は財務分析システムが計算した財務指標を読み込む作業になっていますが、研修の講師などの経験からすると、財務指標を無目的に眺めている方も多いのが実態のようです。財務指標を読む努力をする方ももちろんいますが、その後に続く「総合・結論」というプロセスを意識している方は少数派です。分けて考えるだけではなく、もう一度「総合」して「企業評価」という「結論」を下すことが重要です。

2. ポートフォリオ分析

■■ 競争者の4つのタイプ

　戦略を策定する、あるいは戦略を分析するためには当該企業のマーケットにおける位置付け（ポジショニング）を確認する必要があります。フィリップ・コトラーは、ポジショニングに応じて、競争者のタイプを**図表8－2**のように分類しました。

　市場内でニッチャーやフォロワーに該当する企業でありながら、リーダーと同様にフルカバレッジ志向であったり、チャレンジャーのように（挑戦的な）「差別化」を志向していないかどうかなどが戦略評価のポイントになります。もっとも、現場で融資担当者が相手をする中小企業の

図表8－2 競争者の4つのタイプ

タイプ	特　徴
リーダー	市場内で最大シェアを有する存在。 戦略の基本方針は全方位対応型のフルカバレッジ。
チャレンジャー	リーダーの地位を狙って挑戦していく存在。 一般にはシェアで2、3番手に位置している。 戦略の基本方針はリーダーとの差別化。
ニッチャー	市場の適所を探りだし、市場の隙間（ニッチ）ともいうべきその特殊市場に特化し、圧倒的な地位を築こうとしている存在。 戦略の基本方針は特化・集中。
フォロワー	基本的にリーダーやチャレンジャーが遂行する戦略の優れた部分を模倣することによって市場内にいる存在。 戦略の基本方針は模倣。

ポジショニングは、フォロワーが圧倒的に多いと思われます。経営者に戦略的思考が希薄なため、ニッチャーとして存在感を示している企業は意外に少ないのです。

質疑応答

Q：規模の小さい企業は、差別化戦略に出るしかないのでしょうか。
A：類似は競合を呼ぶので、差別化は戦略の基本になります。小さい企業はニッチ戦略をとることも選択肢のひとつです。前者が競争するために違いを作り出すのに対して、後者は競争を避けるために集中化を図る考え方です。

■ その企業の「マーケットはどこなのか」が重要

　戦略の分析において注意しなければならないのは、その企業が属するマーケットの定義です。ポジショニングの指標には基本的にシェア・ポイントを利用しますが、中小企業を大企業と比較すると中小企業が見劣りするのは当然のことです。融資担当者は大企業と比較して中小企業に対して否定的な見方をすることがありますが、中小企業は自らの生存領

域（マーケット）で優位性を獲得すればよいわけで、大企業と単純に比較しても意味がありません。分析において、この点は注意すべきです。

たとえば、近隣型の商店街において、商店街全体の増加率を上回る売上高を達成しており、同規模の同業者と比較して良質な財務体質を有しているならば、その企業は十分に評価できるといえます。

∷ PPMで製品と企業のポジションを分析

企業のポジショニングの前に、企業の製品のポジショニングを確認する手法として、ボストン・コンサルティング・グループが開発したPPM（Product Portfolio Management）を紹介しておきます（**図表8－3**）。

図表8－3 PPM

	市場シェア 高	市場シェア 低
市場の成長性 高	花形 Star	問題児 Problem Child
市場の成長性 低	金のなる木 Cash Cow	負け犬 Dog

縦軸にマーケットの魅力度（成長性）、横軸にマーケット・シェアをとったマトリクスを作り、4つのセルで製品群を評価するものです。各セルにはそれぞれユニークな名前がついています。

❶ 花形（Star）

シェアが高く、成長性も高い製品群は「花形」（Star）と呼ばれます。この製品市場は競争が激しいため、マーケティング・コストがかかります。キャッシュ・アウト・フローも大きいのですが、制圧すれば将来の主力市場となる可能性があります。

❷ 問題児（Problem Child）

　成長性が高く、シェアが低い製品群は「問題児」（Problem Child）と呼ばれます。この製品群を「花形」の位置へ持ってくることが、マーケティング上の課題となることが多くなります。

❸ 金のなる木（Cash Cow）

　低成長で高シェアのセルに位置する製品群は「金のなる木」（Cash Cow）と呼ばれます。この製品群は一般に成熟商品で、現在の主力商品として利益を生み出す主体となっています。通常はここで生み出す利益（キャッシュ・イン・フロー）を「問題児」や「花形」製品のマーケティング費用に投入することになります。

❹ 負け犬（Dog）

　低成長で低シェアの製品群は「負け犬」（Dog）と呼ばれます。将来的にシェアアップや市場成長が期待できないなら、撤退を検討するべき分野です。ただし、撤退については慎重に決断するべきです。撤退するよりは、低シェアは無視して利益追求に徹する「収穫」という方向性もあります。

質疑応答

Q：「花形」から「金のなる木」になるにはどうすればいいのですか？また「金のなる木」から「負け犬」へ向かっていかないためにはどのような対策を取ればいいのでしょうか。
A：それがまさにマーケティングのテーマです。その前提としてのポジショニングを確認する方法のひとつがＰＰＭだと考えてください。

Q：ＰＰＭの４つの区分けはどうやって決められるのでしょうか。見る人によって分類に差が出るように思うのですが。
A．４つのセルを区切るタテとヨコの線は平均値の線ですから、分類はおのずと決まります。

> Q:「金のなる木」を育てて、「花形」になった場合、マーケティングコストが増え、かえって損になるのではないかと疑問に思いました。
> A:流れが逆です。成長期にある「花形」が成熟期に入った場合、「金のなる木」になるのです。「金のなる木」が生み出すキャッシュフローを、「問題児」を「花形」の位置に持っていったり、「花形」がシェアを維持するためのマーケティングコストとして投入するのです。

■ PPMをポートフォリオ分析に応用する

　ＰＰＭは、もともと製造業をモデルに開発された、もはや古典ともいえる分析手法です。現場で実務的に利用されているところをあまり見たことがありませんが、その有効性は高いものです。他の業種・業態にも応用が可能で、この考え方に基づく分析を「ポートフォリオ分析」（Portfolio Analysis：以下「ＰＡ」という）といいます。

　たとえば、小売業の場合、商品分類別にＰＡを行い、負け犬の位置にいる商品を入れ替えたり、問題児に対するマーケティングを強化するなど、マーチャンダイジング[*1]の改善を図ります。多店舗展開している場合は、店舗別のＰＡを行って店舗管理に利用します。卸売業ならば地域別のデータをもとにＰＡを行い、エリア・マーケティングをかけるなど、バリエーションはいくつも考えることができます。金融機関の営業推進におけるエリア分析などにも有効です。

　　*1　マーチャンダイジング（merchandising：MD）
　　　卸・小売業における商品の品揃えや仕入計画、価格設定などの諸活動を統合した表現で、製造業における製品計画（product planning）に対応するもの。

　また企業自体を対象に、ＰＡによる分析を行うこともできます。ＰＡにおけるポジショニングは企業にとって重要な問題です。ポジショニングが「負け犬」や「問題児」の場合、マーケット（市場）内での競争力が回復しなければ、景気が拡大したところで業績に大きな期待はできま

せん。自社の売上や利益の低下だけに目を奪われ、環境やポジショニングに無関心で、「景気さえ良くなれば……」とただ期待しているだけの経営者は評価できません（後述しますが、トレンドとサイクルの関係で、景気が回復しても大きな期待を持てないケースもあります）。

　逆に、不況下でも、どんな手を打つべきかを考えている経営者は、少なくとも経営姿勢としては有望だといえます。「良くない経営者」が大半かもしれませんが、「良くない経営者」を適正に「良くない」と評価し、数少ない「有能な経営者」をきちんと評価できる能力が融資担当者には必要なのです。

3. 製品ライフサイクルによる分析

■ 製品ライフサイクル（PLC）とは

　マーケティングに関連する用語で、PPMと並んで有名なのが製品ライフサイクル（Product Life Cycle：以下「PLC」という）だと思います。PLCは、新製品が市場に投入されて、最終的に市場から姿を消すまでを、人間の一生と同じようにいくつかの段階に分けてとらえるものです。金融業界では、PLCと同様の考え方に基づくライフステージ理論が、個人顧客の年齢階層別のニーズを把握するモデルとしてよくテキストなどで紹介されています。

　次の**図表8−4**が、〈導入期→成長期→成熟期→衰退期〉という製品ライフサイクルの典型的パターンを示したものです。

　各ステージにおける位置づけは、以下の通りです。

❶　**導入期**（Introductory Stage）

　新製品が市場に導入される時期で、需要創造のために大きな投資（研究開発費や広告費・プロモーション費）が必要になるため、多くの場合

図表8−4 PLCの典型的パターン

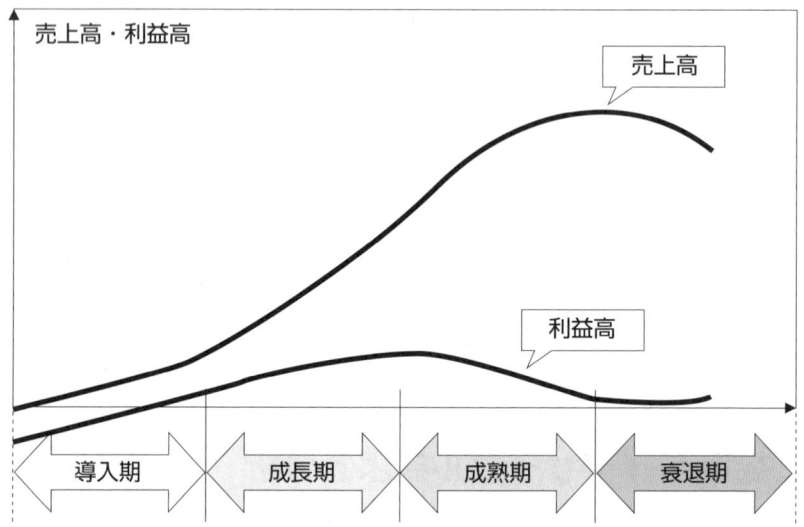

売上高・利益高

売上高

利益高

導入期 ／ 成長期 ／ 成熟期 ／ 衰退期

出所:『マーケティング戦略』（和田充夫、恩蔵直人、三浦俊彦・有斐閣）

は赤字になります。消費者に製品を認知させるため、一般的にはマスメディアを使った広告が利用されます。

❷ 成長期（Growth Stage）

　市場規模が急速に拡大する時期で、他の企業が参入してくるため、競争が激化して市場価格の低下にもつながります。このため、売上は伸びても利益はピークに達してしまうことが多くなります。成長期の後期に事業のリスクはピークに達します。

❸ 成熟期（Maturity Stage）

　市場の成長性（売上高の伸び）が鈍化し、飽和点を迎える時期です。耐久財では買い換え需要が主流となり、消費財でも緩やかな自然増にとどまります。市場成長性が低いので、市場は、他社のシェアを奪わなければ自社の売上が伸びないというゼロサムゲームの環境に近づきます。競争は成長期よりもさらに激化して、市場から撤退する企業も出てきます。

❹ 衰退期（Decline Stage）

売上高と利益額が急速に減少する時期です。市場規模が縮小する原因は、社会的なトレンド、政府による規制などの他に、代替製品の登場があります。レコードがCDに、ビデオがＤＶＤに、ポケベルが携帯電話に代替されたのが好例です。

■■ 製品ライフサイクルの考え方における問題点

製品ライフサイクルにおける各ステージの分類には問題があります。それは対象企業がどのステージにいるのかということが事後的にしかわからないことです。後になってからあの時が成長期だった、あの時期が成熟期との端境期だったと認識できるだけで、分析している時点では正確にはわかりません。その意味では、株式投資の買い時、売り時と似ています。しかし、企業分析に限らず、将来に向けて行う意思決定という行為に不確実性は付き物です。クラウゼヴィッツ[*2]が「状況の４分の３は霧の中」と述べたように、担当者に問われるのは状況に対してどのような「認識」を持ち、どのような「判断」を下すかということなのです。

　＊２　クラウゼヴィッツ（Carl Phillip Gottlieb von Clausewitz：1780-1831）
　　　プロイセン王国の軍人・軍事学者。ナポレオン戦争の経験を経て、戦略・戦術に関する名著『戦争論』を著し、1832年に刊行された。

■■ 新製品や企業のライフステージを見る

図表８－４のパターンはあくまで一般的なものであり、実際には成熟期から再び成長期に入ったり、衰退期から成長期へと復活するなど、PLCが異なったパターンを描く例も多々あります。たとえば、カラーテレビはほとんどの家庭に普及し成熟期に達しましたが、地上デジタル放送への切替を契機に大規模な買い替え需要が見込まれ、再び成長期に入ることが期待されました。

また、パソコン市場はインターネットの普及とウィンドウズの浸透が相まってかなりの成長性を示しました。現在はすでに成熟期に入っているという見解もありますが、最近でも携帯に便利な「ミニノートPC」がブームになり、短期間でパソコン売場の一角を占めるまでに成長した例もあります。

　マーケティング分析においては、当該企業や主要製品がPLCのどの位置にあるかというトレンドを見る必要があります。各時期によって、売上、コスト、利益などの企業の内部環境と顧客、競争者などの外部環境が異なり、それに応じてマーケティング戦略も変わります。それらの特徴をまとめたのが**図表8－5**です。

　PLCと戦略の関連では、たとえば、製品が成長期のピークにあって生産が需要に追いつかないことがあります。そのため生産設備の拡大投

図表8－5 PLCに応じたマーケティング戦略

	導入期	成長期	成熟期	衰退期
売上高の特徴	低水準	急速に上昇	緩慢な上昇もしくは横這い	下降
利益の特徴	マイナス	増加	高利益	下降
競争状況	ほとんどなし	増加	競争相手減少	減少
マーケティング目標	製品認知試用促進	シェア最大化	シェア防衛利益最大化	費用削減ブランド収穫
製品	基本製品	製品ライン拡張	ブランド戦略モデル多様化	弱小製品削減
価格	コストプラス	市場浸透価格	競争対抗価格	価格引下げ
流通	選択	拡大・集中	一層の拡大	低採算販路からの撤退
広告	製品認知の構築	マス市場での製品認知の構築	ブランド差異の強調	中核顧客維持費用削減
販促	集中投入（試用促進）	縮小	増加（ブランド変更促進）	最低水準まで縮小

出所：『マーケティング・マネジメント(第7版)』(フィリップ・コトラー・プレジデント社)より加工

資を実行したものの、完成したころにはトレンドが成熟期に入っており需要が減少し、投資負担が重荷になって企業が倒産に至るということもあります。トレンドの見極めの重要性を示す例で、実例も数多くあります。

　1998年に発売された「たれぱんだ」は、その後の2年間で関連雑貨を含めて700億円を販売したキャラクターですが、キャラクターの利用商品に制限を設けなかったため、関連雑貨を安売りする小売店が続出し、瞬く間にブームが終わってしまいました。このように、マーケティングの失敗によって自らトレンドを衰退期に向かわせてしまうこともあります。

■■「後出しジャンケン」にも要注目

　特定市場へ最初に参入した製品のほうが、後発製品よりも有利な立場を占めるという先発優位性（first mover advantage）は、マーケティングの分野では一応の定説になっています。しかし、多大な開発コストと市場開拓コストをかけて新製品を導入しても、マーケティング力が弱いために成長期の前期に市場に参入してくる競争者との戦いに敗れてしまうといったこともかなりあります。一般に、新製品の成功率は低下しており、ＰＬＣのパターンを描く前に敗退してしまう例が多々あることは認識しておくべきでしょう。

　市場における流行を見てから、製品（商品）を投入する「後出しジャンケン」のような戦略を採る企業として、「ローリーズファーム」や「グローバルワーク」などのブランドを持つアパレル企業、ポイントがあります。同社の戦略を支えているのは、流行が終わらないうちに素早く商品をリリースすることができる企業力です。

■ 中小企業の場合は市場の動きにＰＬＣを適用する

　中小企業の場合、市場全体の動きを示すガイドラインとしてＰＬＣが利用できます。市場全体の売上高、あるいは自社が営業するエリアの売上高の推移をＰＬＣの観点から読み、さらに自社製品の売上高の推移と対比してみるのです。業界や周辺エリアのＰＬＣが成長曲線を示しているのに、自社のそれが衰退傾向にある場合、原因がつかめていなければマーケティング分析が必要になります。この視点は、融資担当者の企業分析にもそのまま適用できます。

　また、経営者のＰＬＣに対する認識を把握することも重要です。すで

---

one step up　　**製品ライフサイクル（ＰＬＣ）は同義反復？**

――――――――――――――――――――――― **Column**

　製品ライフサイクルの考え方には批判もあります。ライフサイクルの各時期を決定する要素は売上高ですが、にもかかわらずそれぞれの時期は売上高水準の説明に用いられています。つまり、ＰＬＣの概念が同義反復になっているのではないかという批判です。この批判は、マーケティング戦略がＰＬＣによって規定されるのか、マーケティング戦略（の結果としての売上高）がＰＬＣを形成するのかという議論に発展しています。

　確かに、マーケティング戦略の策定を誤ったために、売上高が低下してＰＬＣが衰退期に入ってしまったということもあります。この問題には容易に答えられませんが、ＰＬＣを無定見に眺めていると、マーケティング戦略がＰＬＣの成り行きまかせになってしまう危険はあると思います。ＰＬＣの動きを読みつつ、仮説を立て、革新的な意思決定を行っていく。戦略の策定とは本来そういうものだと思います。

　以前、ライフステージ理論を企業分析に適用しているテキストに、「企業は成長期に成長するべきである」という記述がありました。「成長するから成長期というのであって、成長期に成長する」という解説は同義反復だと思ったことがあります。ＰＬＣの問題点に対する解答にはなりませんが、ＰＬＣを読む場合は、こうした矛盾した思考回路に入らないようにすることが注意点として挙げられるでしょう。

に自社が成熟期の後期、衰退期の初期に入っているにもかかわらず、経営者が成長期の成功体験から抜け出せず、当時の戦略パターンを繰り返しているということは多々あります。逆に、自社や自社の主力製品が成熟期に入っていても、大きな変革の必要性を認識しており、さまざまな策を考えているという経営者であれば、その姿勢は積極的に評価できます。新たに策定する戦略が優れたものならば、融資担当者としては資金面から応援するという姿勢が必要でしょう。

4. ポジショニングとトレンドの関係

■ トレンドとサイクルを組み合わせて分析する

ここまで見てきたＰＬＣにおけるトレンド（ポジショニング）は、景気循環（サイクル）との関係で分析する必要があります。

トレンドと同様に、景気の山と谷は見極めが難しいのですが、製品のトレンドが成長期にある時、売上高は景気拡大期に大幅の伸びを示し、景気後退期になっても影響は軽微に止まる可能性が高くなります。一方、トレンドが成熟期や衰退期に入っている場合、景気が拡大してもそれほどの伸びは期待できず、景気が後退した場合は逆に大きな影響を被ることになります。設備資金など長期大型資金の融資案件を検討する場合には、このトレンドとサイクルを組み合わせて分析する姿勢が必要です。

■ ＰＬＣのトレンドとＰＰＭのポジショニングの関連

ＰＬＣは、ＰＰＭの読み方とも関連します。

「金のなる木」の製品は、通常、トレンドが成熟期にあります。この製品は企業にとってキャッシュフローと利益の供給源となっていますが、将来性は大きくありません。

「花形」は、成長期の製品です。市場成長性が高いため、「金のなる木」で獲得したキャッシュフローが成長投資のマーケティング費用として投入されていますが、トレンドが成熟期に入れば「金のなる木」に変わる可能性があります。

「問題児」は、トレンドが成長期にあり魅力が大きい製品分野にもかかわらず、競争優位性が確立できない分野です。これを「花形」の位置に持っていくには、成長投資と劣勢なポジショニングを改善するための投資が必要で、一般的には金食い虫になります。

「負け犬」は、トレンドが成熟期あるいは衰退期にある製品分野です。市場成長性が低いので、成長投資は必要ありませんが、ポジショニングも悪いのでキャッシュフローの供給源となるわけでもありません。むしろ、維持コストがかかる可能性が高い分野です。

ポートフォリオ分析におけるポジショニングが「問題児」や「負け犬」であれば、トレンドが成長期でサイクルが好況期に入ったとしても、その企業（製品分野）には大きな期待ができないことになります。

> **質疑応答**
>
> Q：マーケティングは効果が出るのに時間がかかり、財務上ではマーケティングのコストで一時的に不利益が生じます。この時間のギャップをどう考えているか、教えてください。
> A：マーケティング・コストは日々の企業活動に必要不可欠なものです。財務上で一時的に不利益が生じるのは、マーケティングを実施したからではなく、マーケティングに失敗した場合でしょう。

■■ 製品の特性や関連業界の情報で分析が深まる

製品の特性もトレンドやサイクルに深い関係があります。分析対象の企業がどのような製品を扱っているのか、その製品特性はどのようなも

のなのかを把握しておくことは、企業分析における基本的な作業です。この点については「3. 製品ライフサイクルによる分析」でも述べました。

　なお、対象企業の取扱製品やその市場特性を詳しく調査する際に、各種の業種別事典などを利用することは常識でしょうが、この際、対象企業が属する業界だけでなく、関連する業界についても調べておくことが重要です（現在はインターネットの利用が非常に効果的な調査方法でもあります）。

　たとえば分析対象が書店であったら、書籍の流通ルートとして、メーカーである出版社や卸売業者である書籍取次業についても調べておくと判断に厚みが出ます。また周辺業態である古書店や新古書店の情報を念頭に置くことも有効です。こうして収集した知識・情報は、マーケティング分析における基礎的なデータとなります。

∷ 定量分析と定性分析をどのように融合するか

　ある企業が大幅な増収増益を達成した時、その変化が販売数量の増加によるものか、販売単価の上昇によるものかは定量分析で判断することが可能です。財務諸表の分析だけでは無理かもしれませんが、経営者にヒアリングを行って情報収集することによって分析できるはずです。

　しかし、その変化がサイクルが景気拡大期（好況）に入ったことによるのか、トレンドが成長期に入ったことによるのかという判断は、マーケティング分析の範疇です（PA上のポジショニングが改善したという可能性もあります）。

　企業の業績に変化を与える要素には、この他にも新店舗の出店、取扱製品（商品）・販売方法の変更、従業員教育の成果など、さまざまなものがあります。こうした各種の情報や要素を分析することがマーケティング分析であり、企業分析は財務分析（定量分析）とこのマーケティン

グ分析（定性分析）が融合されて初めて有効に成立するものです。

5. キャッシュフローの読み方

■ トレンドとキャッシュフローの関係で企業を評価する

　減価償却費はキャッシュフローの重要な要素です。特に運転資金の必要額があまり変化しない企業や、簡便法によるキャッシュフロー（当期純利益＋減価償却費－社外流出）を見ている場合、キャッシュフローは減価償却費の多寡に大きく影響されます。

　定率法で減価償却を行っていると、減価償却費は年々減少しますから、売上やその他の経費があまり変らなければ利益は増加傾向になります。このとき、減価償却費の低減によって増益になっているにもかかわらず、企業の競争力が上がったと判断してしまう危険性があります。実際には生産設備がすでに陳腐化(*3)して競争優位性が低下しているのに、企業が自らの競争力を過信して価格競争などに出るなど無謀な戦略を採用することにもなりかねないからです。

*3　生産設備の状態については、労働装備率（＝有形固定資産÷従業員数）を見るとよい。これは、従業員1人当りの有形固定資産を示すもので、一般的には額が大きいほど、機械化が進んでいると判断される。ただし、過大投資や減価償却不足でも数値は大きくなるのでその点には注意が必要である。

■ 投資期と回収期の観点から企業のパフォーマンスを評価する

　一般にトレンドが成長期にある場合、設備などへの投資が旺盛になるためフリー・キャッシュフローは赤字になりますが、成熟期に入っても赤字の場合は問題があります。ただ、キャッシュフローを重視しすぎると、フリー・キャッシュフローの赤字を避けるために投資キャッシュフローを営業キャッシュフローの範囲内に収めようとして、結果的に投資不足で競争力が低下してしまうというディレンマもあります。

トレンドとも関連することですが、フリー・キャッシュフローは企業が投資期にあるのか、回収期にあるのかという観点から見る必要があります。投資期にある企業のフリー・キャッシュフローは赤字になることが多くなります。そこで、キャッシュフローの過去の推移を分析し、企業にヒアリングすることで、その企業が現在投資期にあるのか、回収期にあるのかを判断します。

投資期に投資されたキャッシュフローは、投資効果が発揮される回収期において営業キャッシュフローによって回収されなければなりません。フリー・キャッシュフローの過年度の推移を分析することによって、設備投資後に投資効果が発揮されて、営業キャッシュフローが改善しているかなどを確認することで企業力を評価するというスタンスも有効です。

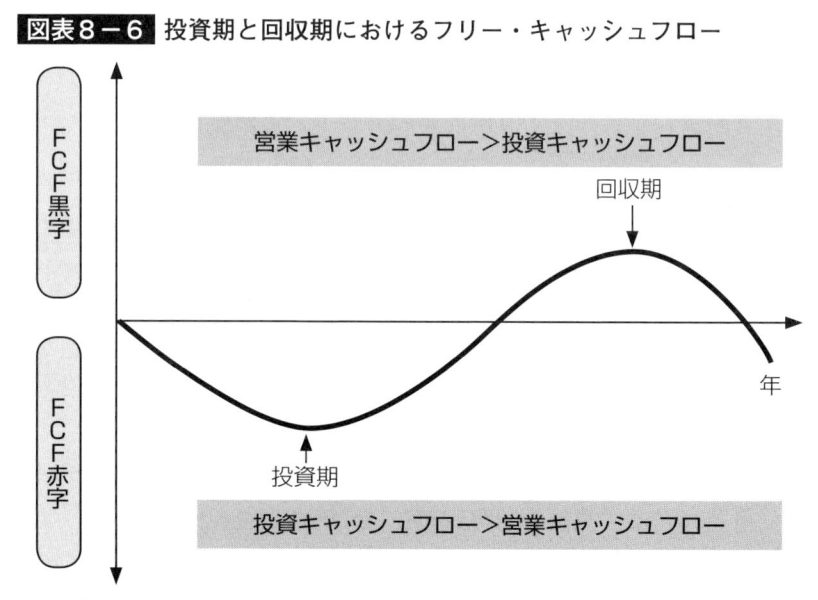

図表8－6 投資期と回収期におけるフリー・キャッシュフロー

出所：『キャッシュフロー計算書から読み解く経営分析』（花岡幸子・かんき出版）（一部加工）

ＧＭＳのイオン（単体）は2000年度から2008年度まで、1期を除いてフリー・キャッシュフローがマイナスでした。同社はイオングループという巨大な企業集団の一員なので単純な判断はできませんが、同グループの積極的な投資政策がフリー・キャッシュフローに反映したといえるでしょう。

　キャッシュフローに限らず、財務指標だけを近視眼的に見ていると判断を誤る危険性があります。財務指標とトレンドとの関係に目配りが必要です。

∷ 利益構成比率でキャッシュフローの「質」を見る

　トレンドとの関係で、キャッシュフローの質を見るための分析指標が利益構成比率です。

$$利益構成比率 = \frac{当期純利益}{当期純利益 + 減価償却費} \times 100$$

　この指標は、運転資金増分の要素は排除して営業キャッシュフローにおける当期純利益のウエイトを見るものです。当期純利益と減価償却費を比較した場合、ビジネスリスクの影響が大きい当期純利益のほうが変動性は高くなります。この指標が50％を超えている場合（当期純利益＞減価償却費）、キャッシュフローは当期純利益の変動の影響を受けやすい構造にあるわけです。

　逆に、この指標が50％未満の場合（当期純利益＜減価償却費）、キャッシュフローの構造は減価償却費の影響を大きく受けます。キャッシュフローの安定性の観点からは、変動性が高い当期純利益の影響が大きい状態（当期純利益＞減価償却費）より、減価償却費の構成比が高い状態（当期純利益＜減価償却費）の方が望ましいといえます。

　一般的には企業が設備投資を盛んに行う投資期においては、「当期純

利益＜減価償却費」（利益構成比率50％未満）になりやすく、投資の回収期に入っている企業は、「当期純利益＞減価償却費」（利益構成比率50％超）の傾向にあるはずです。その意味で、利益構成比率は投資の回収期にある企業の、過去の設備投資のパフォーマンスを分析する際にも応用できます。

6. 企業業績の推移～売上高成長率の読み方

■■ 業績の推移と外部環境の変化を照合する

　企業の業績は財務諸表に反映されます。新規融資先の場合、金融機関では基本的に過去3期分の財務諸表を預かるようにしていると思いますが、業績の推移を見る場合は過去5年間（財務諸表5期分）くらいはさかのぼりたいところです。景気変動の山と谷（サイクル）との関連を見るためには、最低でもそのくらいの期間を分析する必要があるからです。

　2期分の財務諸表を使って行うキャッシュフロー分析の観点からしても、3期分の財務諸表では2期分のキャッシュフロー情報しか得られないため、最低5期分は必要だと思います。

　数期分の売上高、利益額、キャッシュフローなどをグラフ化してみることは一般的に行われることですが、この際、景気動向や産業界のイベントなど外部環境要因の変化が財務指標にどのように影響を与えているかを見ます。前述の主要製品のプロダクト・ライフサイクルとの関連で、業績の推移を読むことも有効です。

　中小企業の場合はもっとミクロの視点で見ることも必要です。たとえば、商圏内に有力な大型店（競合店）が出店した時期の前後の業績を見て、その影響を探ります。融資担当者は、担当地域のそうした大きな変化を事前に頭に入れておかなければなりません。

■ 成長率の判断基準と分析手法

売上高成長率は、成長性の財務分析指標として代表的な存在です。

$$売上高成長率 = \frac{当期売上高 - 前期売上高}{前期売上高} \times 100$$

企業の売上高は、長期的には拡大していくべきものです。売上高の低下は市場競争力の低下を意味するからです。ただし、急激な売上の増加は、売上債権、棚卸資産の増加につながり、キャッシュフローが悪化することがあります。

企業が属する産業、業種が衰退傾向で、大半の企業の売上高が低下している場合は、分析対象の企業が新規市場への移行を図る戦略を策定しているか否かが分析ポイントのひとつになります。

売上高成長率の判断基準には、一般的には名目インフレ率と市場・業界成長率の2つがあります。売上高が名目インフレ率を下回っているということは、売上が実質的に減少していることになります。市場・業界成長率は企業の市場競争力を測る基準です。売上高が、この基準を下回っている場合はシェアが低下していることになります。

■ 中小企業マーケットのデータの見方

中小企業の場合は、商圏や製品の出荷範囲が狭いですから、対象市場（当該企業の生存領域）の商品販売額や製品出荷額を基準に評価することになります。これは商業統計や工業統計資料で調べることができますが、中小企業は概してこうした外部環境情報を軽視する傾向があります。分析対象の企業が小売業で、競合店が上場企業の大型店の場合は、有価証券報告書で当該店舗の売上高や人的生産性（1人当り売上高）などを調べます。

調査の基礎資料として融資担当者にとって便利なのは、前述の『民力』

や『地域経済総覧』です。各種のマーケティング・データが地域別にまとめられています。これらの本と業種別の審査事典などがあれば、かなりの分析ができるはずです。

　成長率の分析手法として、売上高成長率と貸借対照表の各科目ごとの構成比の変化を対比してみるというものがあります。売上高の増減と資産（負債）の構成比の変化によって、「経営の力点」がどこに置かれていたかを見て、経営者のヒアリング結果の反証として利用するのです。この手法を使う場合は、前提として売上高成長率と総資産成長率を対比しておきます。

$$総資産成長率 = \frac{当期総資産 - 前期総資産}{前期総資産} \times 100$$

第9章

経営戦略と財務分析の接点

1. マイケル・E・ポーターの競争戦略

　競争戦略の第一人者であるマイケル・E・ポーターは、企業の基本戦略を①コスト・リーダーシップ戦略、②差別化戦略、③集中戦略（コスト集中と差別化集中）の3つに分類しています（**図表9-1**）。

図表9-1 マイケル・E・ポーターの3つの競争戦略

競争優位のタイプ

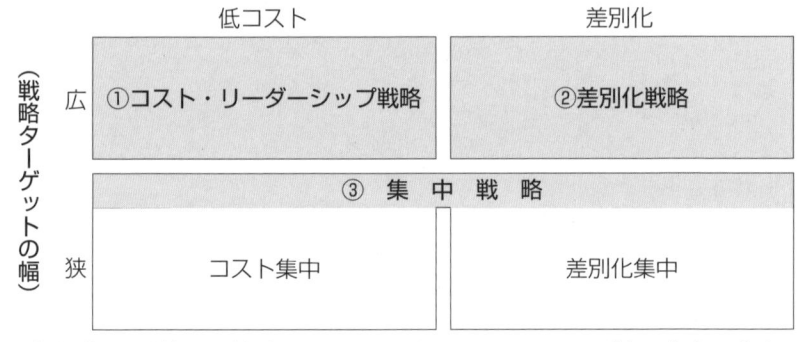

	低コスト	差別化
（戦略ターゲットの幅）広	①コスト・リーダーシップ戦略	②差別化戦略
狭	③ 集 中 戦 略 コスト集中	差別化集中

出所：『新訂　競争の戦略』（マイケル・E・ポーター・ダイヤモンド社）に基づいて作成

戦略としてわかりやすいコスト・リーダーシップ戦略

　コスト・リーダーシップ戦略は、**図表9-1**のように戦略ターゲットの幅を広く取って業界全体の広い市場をターゲットとして、どの競争者よりも低いコストを武器にする戦略です。戦略ターゲットの幅を狭く取る場合は、集中戦略のコスト集中になります。

　コスト・リーダーシップ戦略は、3つの基本戦略のなかではもっとも

わかりやすい戦略です。戦略の指針としてコストという明確（定量的）な基準があるからです。この戦略を採用する場合、ローコストオペレーションを実現する必要があるため、各種のコストの見直しが必要になります。対象となるコストには、生産コスト、調達コスト、流通コスト、開発コスト、情報コストなどさまざまなものがあります。このうちのどれにウエイトを置くか（どこに重要性があるか）は業種特性にもよりますが、基本的にはビジョンや内外の環境分析によって決定されるものです。

　一般的に、コスト・リーダーシップ戦略は規模の効果や経験効果が大きい業界で採用されることが多くなります。

■ 顧客の支持が必要な差別化戦略

　差別化戦略は、コスト・リーダーシップよりも難易度が高くなります。企業にとってコストはかなり主体的にコントロールできますが、差別化は顧客の支持がその成果を決定するからです。差別化ができたか否かを決定するのが顧客であることを忘れてしまうと、単に競合企業の商品との違いを強調するだけの「差別化のための差別化」（ひとりよがりの差別化）に陥ってしまいます。また、こうした差別化は競争者にとって「対応可能な優位性」となり、すぐに模倣されてしまうので、差別化の効果も短命に終ってしまいます。

　差別化戦略に限らず、マーケティングにおいては、その効果測定が重要です。各種のマーケティング手段について、顧客の反応（売上高増加率、顧客のリピート率など）を計測しておくことが必要なのですが、中小企業には、それを実施していない企業が少なくありません。たとえば、プロモーションにおけるメディア別やエリア別の反応を記録しておけば、新しいプロジェクトを始めるときに活用できます。これを怠っていると、

マーケティング手段について有効な意思決定ができなくなります。顧客の反応を記録することは、マーケティング手段の効果を測定することにつながるからです。

■ 他の戦略と複合される集中戦略

集中戦略は戦略ターゲットの幅を狭く限定して（特定市場に的を絞って）、そこに経営資源（ヒト・モノ・カネ・ノウハウ等）を集中的に投入する戦略です。競争優位を獲得するためには、集中するだけでなく、コスト集中あるいは差別化集中を達成しなければなりません。

戦略ターゲットの幅を狭く取って、特定市場においてコスト面で優位に立つ（ローコスト・サプライヤーとなる）戦略がコスト集中で、特定市場における差別化を目指すのが差別化集中です（戦略ターゲットの幅―対象市場―を極端に小さく取るとニッチャーとなります）。

戦略の要諦は「絞りと集中」です。コトラーやポーターは戦略における中道主義は避けるべきだと説いています。ただ、当初から二兎を追ったわけではなく、特定市場に特化集中した結果、低コストでかつ差別化も実現するというケースもあると思います。

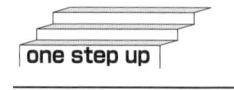

---

one step up　　ターゲットを絞る――コンセプトを明確に

Column

ある駅前の商店街に、軽飲食店がありました。近隣には大学があり、事業所も多いうえに周囲も豊富な人口を擁する住宅街が控えています。そのうえ、客の集まる大手スーパーの前の角地と文句のない立地でした。メニューには、ドリンク類とサンドイッチ、カレーライス、スパゲッティなどの定番と子供向けのパフェなどの品揃えがあり、どんな種類の顧客にも対応できるようにはなっていたのですが、店内にはスポーツ新聞や漫画雑誌が並べられ、店に入ると、主に近隣の商店主など中年の男性ばかりが目立ち、回転率が低く業況は芳しくありませんでした。

そこで、店舗改装にあたって、ターゲットの大幅な絞込みを行うこととしました。「おいしくてヘルシー」をコンセプトに、「若い女性」をターゲットとしてパスタをメニューの中心に据え、量は少なめにしてサラダをつけました。アルコールは、国産ビールの中ビンから輸入物の小ビンに変更して、やはり輸入物のワインも数種類を揃えました。改装前は、入口が狭いうえに道路側の窓が小さいため店内の見通しが悪かったので、道路側の窓を大きく取って照明を明るくしました。同時に、席数を減らして店内にゆとりを出すようにして、スポーツ新聞と漫画雑誌を置くのをやめました。
　以前はいつ入っても空いているのが取り柄の店だったのですが、改装後は狙い通り若い女性の支持を得てにぎわっています。どんなに立地環境がよくても、ショップ・コンセプトを明確にしてターゲットを絞らないと、顧客の支持を得ることはできないということがよくわかる事例です。
　フリーサイズの服が便利な一方で、まったくファッショナブルではないのと同じことで、どんな客層にも対応できる店は、誰にとってもよい店にはならないのです。

質疑応答

Ｑ：「ユニクロ」は、「フリーサイズの服」に限りなく近いイメージがあるのですが、どういった点での戦略が成功したといえるのでしょうか。
Ａ：「ユニクロ」は当初、ユニセックス・ノンエージというコンセプトで、ターゲティングは確かにフリーサイズに近かったと思います。ポーターの競争戦略でいえば、ターゲットの幅を広く取り、かつ低価格で訴求するコストリーダーシップ戦略に該当するといえますが、カジュアルウェアという特定市場に特化しているという意味では、集中戦略のうちのコスト集中戦略であるともいえます。
　「ユニクロ」の場合、差別化のポイントは企画・製造・小売を一体化して行うＳＰＡという業態にあります。ＳＰＡは Specialty Store Retailer of Private Label Apparel の略で、「製造小売業」と訳されます。アメリカの「ＧＡＰ」がその先行業態とされています。「ユニクロ」は、ＳＰＡの強みを活かし高品質で低価格というトレードオフを実現したことで、成功を収めました。コストリーダーシップ戦略を採りながら、差別化も実現したという意味で、「ユニクロ」はポーターの戦略類型を超越したともいえます。
　川上（製造）から川下（小売り）までを垂直統合することで、流通

> コストを削減し、アイテムを絞り込むことで製造におけるスケールメリットを確保し、粗利益率40％台という高収益体制を確立したのです。品質面でも優れており、「ある大手織物メーカーによると、ユニクロの3,990円のデニム地は大手ジーンズメーカーの1万円以上の商品と同等の水準」（「日経MJ」2007年12月24日）といわれます。このあたりのノウハウは、「目に見えない差別化」の部分といえるかもしれません。

2. ポーターの基本戦略とROA

　業種や企業によって多少の違いはあるものの、企業の戦略はその財務分析指標に反映されます。ポーターの競争戦略を、コスト・リーダーシップ戦略と差別化戦略に大別して、それぞれが企業のROAにどう関係するかを考えてみましょう。

■ コスト・リーダーシップ戦略とROAの関係

　コスト・リーダーシップ戦略を採用している場合、売上高利益率は低めになります。競争優位のポイントがコスト競争力にあるため、プライシングは概して低めになるためです。その意味では、利益率のなかでも売上高総利益率がその戦略性を象徴すると考えられます。

　コスト・リーダーシップ戦略を採用する業態の典型がディスカウントストアです。この業態では、低い粗利益率でも利益が確保できるように販売管理費が低く抑えられています。いわゆるローコストオペレーションです。一方、低い収益性を販売力でカバーするためには資産の効率的活用が必要になるため、総資産回転率は高めになります。この収益性と効率性という2つの視点が、最終的にはROA（総資産利益率）に収斂

されます。

《コスト・リーダーシップ戦略とＲＯＡの関係》

$$ROA = \frac{利益}{総資産} = \frac{利益}{売上高} \times \frac{売上高}{総資産}$$

（低め）　　（高め）

　ディスカウントストアは、ローコストオペレーションを採るため、店舗などへの投資を節約します。その結果、総資産が小さめになるため、総資産回転率が高めになります。同時に、低い収益性をカバーするために売上高を増加させることを最重要視して営業するため、小さな総資産と大きな売上高があいまって総資産回転率が高まるのです。

　コスト・リーダーシップ戦略を採用して値入れの低いプライシングを続ける以上、ディスカウントストアは企業成長のために売上高を伸ばすことが最大の目標になります。売上高が伸びない（小さい）ディスカウントストアは悲劇的な存在です。ローコストオペレーションを徹底できず、中途半端に価格競争という「最後の手段」に出てしまった中小の食品スーパーによくこういうポジショニングの企業があります。

　勘違いする人が多いのですが、コスト・リーダーシップ戦略はどこよりも安い値段で売ることを目指すものではありません。プライシングが競合者と同じになった場合、最も高い利益率を確保することがこの戦略の要諦です。したがって、すべての競争者がコスト・リーダーシップ戦略を採用した場合、最終的にはひとつの市場に勝者は１社しか残りません。価格競争が「最後の手段」といわれる背景には、こうした意味合いがあります。

> **質疑応答**
>
> Q：コスト・リーダーシップ戦略に関して、同じ値段で最も利益を得ることができるものが勝つということですが、一番低い価格を提示した企業が勝者になるということですか。
> A：そうともいえますが、同じ価格で最も多くの利益を得られるのならば、あえて一番低い価格で売る必要はないでしょう。同じ価格で売り続ける以上、最も多くの利益を上げるものが最終的には生き残るということです。

■ 差別化戦略とROAの関係

　差別化戦略を採用している企業のROAは、コスト・リーダーシップ戦略を採用する企業とは逆の構図になります。

《差別化戦略とROAの関係》

$$\text{ROA} = \frac{\text{利益}}{\text{総資産}} = \underbrace{\frac{\text{利益}}{\text{売上高}}}_{\text{(高め)}} \times \underbrace{\frac{\text{売上高}}{\text{総資産}}}_{\text{(低め)}}$$

　差別化戦略を採用する場合、品質や品揃え、サービスなどの面で競合者との違いを打ち出し、顧客にそれを認めてもらう必要があります。差別化のポイントを品質に置く企業は、製造費や研究開発費が高めになりますし、高級品の専門店のように接客サービスに多大な配慮をする企業は、研修費などを含めた人件費が高めになります。あえて地価の高い銀座に出店する高級ブランド販売店などがその典型です。

　企業あるいは商品のブランド力を維持するために、あるいはブランドイメージを高めるための広告宣伝費・販売促進費なども必要になります。差別化戦略は、こうした付加価値を重視する戦略ゆえにプライシングと総利益率は高めになります。

　差別化戦略を採用する製造業は生産設備や研究開発設備への投資が欠

かせず、小売業ならば店構えや陳列什器などにもコストをかけるために減価償却費を含む販売管理費が高くなります。その結果、総資産が売上高に対して相対的に大きくなり、総資産回転率が低めになるのです。

■ 製品の価格設定に表れる戦略

　以上で見た2つの戦略は、新製品の価格設定とも関連します。

　低めの価格設定をして、マーケットシェアを拡大することを狙う価格政策を浸透価格設定（penetration pricing）といいます。短期的な利益を犠牲にして量産効果を狙う販売戦略です。規模の経済や経験効果によって生じるコスト優位性を確保して、利益を得ることを狙うわけで、コスト・リーダーシップ戦略がベースにあります。

　これに対して、まず高めの価格設定で高級感を打ち出して、単価当りの利益を確保し、徐々に価格を下げていく価格政策を上澄吸収価格設定（skimming pricing）といいます。高所得層を初期のターゲットとして吸収し、逐次価格を引き下げて低所得層に販売していく戦略で、差別化集中戦略をベースにしています。一般に需要が価格に対して非弾力的である場合に有効であるとされます。

　価格に対して需要が非弾力的ということは、価格が変化しても販売量に影響しないということです。販売量の価格弾力性（price elasticity）は、「販売量の変化率÷価格の変化率」で計算されます。価格弾力性は、価格変化に対する需要の感応度を表す測度で、値が大きければより弾力的であり、価格変化に販売量が影響されることを表します。通常はマイナスになるため、絶対値をとって計算されます。

第10章

業界・業種・企業の特徴把握

1. 製品の類型

■■ 取扱商品に表れる企業の特徴

　ここでは、企業の取扱商品の面から業界・業種・企業の特徴をつかみ、対象企業の分析にどのように応用するかについて解説します。

　製品の類型と特徴を示したのが次ページの**図表10-1**です。また財別商品の特性と市場の区分を示したのが**図表10-2**、**図表10-3**です。

　まず**図表10-1**から取扱商品の特徴をつかみ、その後**図表10-2**、**図表10-3**で生産方式や主要市場を見ると、対象企業の大まかなビジネススタイルを把握することができます。

　図表10-1について簡単に解説しましょう。商品の使用者が最終消費者の場合、その商品を消費財と呼び、そのうち長期の使用に耐え得るものを耐久財または耐久消費財といいます。長期とは一般に使用期間3年以上をいいます。乗用車、家電製品、カメラなどが耐久財の典型です。耐久財（耐久消費財）は多くの場合、高額の買回品に該当します。

　最寄品、買回品という言葉は聞きなれないかもしれませんが、消費者の購買特性に基づいた消費財の分類です。

　最寄品の購買特性・特質はステープル商品、衝動買い商品、緊急必要商品の類型から次のように整理できます。

　① 日用品が主体で購買頻度が高い。
　② 低価格である。

③　習慣的に購入される。
④　商品選択・購買のために長時間をかけることがなく、消費者の住居の近隣にある商店で購入される。

図表10－1 製品の類型と特徴

■ 耐久財・非耐久財・サービス

耐久財	有形で長期間使用される。パーソナル・セリングとサービス、高マージン、売り手の十分な保証が必要。
非耐久財	有形で1回あるいは数回の使用で消費されるもの。早く消費され、頻繁に購入するために、多くの小売店で扱われ、低マージンの販売、消費者の試用促進と選好を作り出すための積極的な広告が必要。
サービス	無形で分離することができず、品質が安定せず、直ちに消滅するため、十分な品質コントロール、供給者の信用、適合性が必要。

■ 消費財の分類

最寄品		頻繁に購入され、比較と購買のための努力をほとんど必要としない。
	ステープル商品	日常的に購入される商品。
	衝動買い商品	何らかの計画も探索努力もなく購入される商品。
	緊急必要商品	雨の日の傘など。
買回品		商品選択と購買過程において、適切さ、品質、価格、スタイルなどを比較して購入される。
	同質的商品	品質が同じであるため、価格のみが比較の対象となる。
	異質的商品	価格以外のさまざまな要素が比較対象となるため、広範な品揃え、情報とアドバイスを提供するよく訓練された販売員が必要である。
	専門品	珍しい特徴や有名ブランドを持ち、ある特定の顧客グループが特別の努力をしても購入しようとするもの。
	非探索商品	消費者はまったく知らず、働きかけられねば購入を考慮しない商品。生命保険や百科事典など。

■ 生産財の分類

材料・部品		製品の製造工程に投入される。原材料（農産物と天然製品など）と加工素材および部品に区分される。
資材		
	機械設備	工場やオフィス、発電機やコンピュータなど。
	副次的備品	タイプライターや机など。
消耗品とサービス		どちらも製造工程に関与しない。
	消耗品	業務用消耗品とメンテナンス・修理用消耗品がある。
	サービス	メンテナンス・修理サービスなどの業務用サービスとコンサルティングや広告などの業務助言サービスがある。

出所：『マーケティング・マネジメント(第7版)』(フィリップ・コトラー・プレジデント社)(一部加工)

⑤ 特定の商標に対して強く固執しないが、ある程度商標選択的な購買は行われる。

食料品、大衆化粧品、医薬品、軽衣料などが最寄品に属します。

図表10−2 財別商品の特性

財別分類 （代表商品）	基礎資材 （鉄鋼・セメント）	資本財 （産業機械類）	耐久消費財 （自動車・家電）	消費財 （食品類）
主原材料特色	大量少品種 輸入多い	個別多品種 国内調達中心	大量多品種 輸入部品多い	大量・多品種 輸入多い
原材料購入方法	長期契約	短期個別契約製品受注時に発注	長期契約（薄板） 系列企業・現地企業から多い	長期契約 高率関税
生産拠点	国内中心	国内中心	海外へシフト	国内中心
生産方法	大量生産 少品種 プラント生産	個別生産 加工組立 外注利用多し	大量生産 加工組立 外注利用多し	大量生産
製品特性	企業別特性少ない	品質、性能、価格に企業色	品質、性能、価格、スタイルに相違	デザイン、包装 広告に相違
主要市場	国内・輸出	国内・輸出	輸出・国内	国内
卸売先	特定企業（少数）	特定、不特定の企業	不特定の個人（一部法人需要）	不特定の個人 特定企業
販売価格設定	コスト＋利潤	コスト＋利潤 受給	需給ベースに戦略決定	需要 公定価格
販売数量増加要因	公共投資 住宅投資 設備投資 自動車生産 輸出	設備投資 合理化投資 新技術効果	新製品効果 普及率上昇 買替需要 新市場（海外） 宣伝効果 ライフ・スタイルの変化 販売ネットワーク 補修・サービス網 販売金融サービス（各種ローン）	新製品効果 宣伝効果 ファッション化 食生活変化

出所：『証券アナリストのための企業分析（第二版）』（徳増供洪、阿部大輔、力丸洋・東洋経済新報社）

図表10−3 市場の概念図

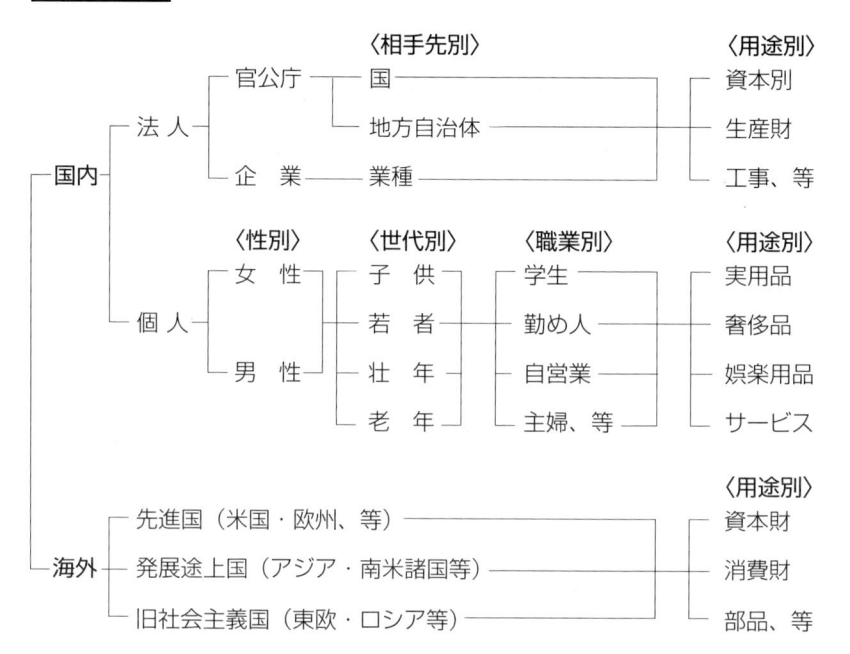

```
                    〈相手先別〉              〈用途別〉
          ┌ 官公庁 ┬ 国 ─────────────┐ ┌ 資本別
     ┌ 法人┤        └ 地方自治体 ──────┤ ├ 生産財
     │    └ 企業 ── 業種 ─────────────┘ └ 工事、等
     │
     │      〈性別〉〈世代別〉〈職業別〉   〈用途別〉
国内─┤              ┌ 子 供 ┬ 学生 ─────┐ ┌ 実用品
     │    ┌ 女 性 ┼ 若 者 ┼ 勤め人 ───┤ ├ 奢侈品
     └ 個人┤        ├ 壮 年 ┼ 自営業 ───┤ ├ 娯楽用品
          └ 男 性 └ 老 年 └ 主婦、等 ─┘ └ サービス

                                          〈用途別〉
     ┌ 先進国（米国・欧州、等）──────────┐ ┌ 資本財
海外─┼ 発展途上国（アジア・南米諸国等）──┤ ├ 消費財
     └ 旧社会主義国（東欧・ロシア等）─────┘ └ 部品、等
```

出所：『証券アナリストのための企業分析（第二版）』（徳増偵洪、阿部大輔、力丸洋・東洋経済新報社）

　買回品は、購買前に消費者が数店舗で商品の品質、価格、スタイルなどを比較する商品です。最寄品と違って消費者は商品特性について十分な知識を有していません。そこで、その情報を探索するために数店舗を回るのです。家具、耐久財、高級衣料などが買回品に該当します。

　最寄品は相対的に価格が安く、売上高総利益率が低めで、商品回転率は高めになります。一方、買回品は最寄品に比べて高価で、売上高総利益率は高め、商品回転率は低めになります（この観点から商品別の分析をする手法が、次節で紹介する交差比率です）。

　専門品は消費者が特別な魅力を感じているため、入手するために探索努力を惜しまず、特別の購買努力を払うような商品です。独自の特性やブランド・アイデンティティを備えた財ともいえます。高級スポーツカ

ーやファッションブランド品などが該当します。

　生産財は産業財・資本財とも呼ばれる、産業用品・業務用品です。企業や官公庁などに向けられた商品です。消費財と比較して購入量が多いのが特徴です。同じ生産財でも、使用目的によって消費財に含まれることもあります。たとえば、石油は生産手段として使われる場合は生産財ですが、個人の家庭で使用する場合は消費財です。

　図表10－2、図表10－3は財別商品の特性と市場の概念図を示したものです。個別企業の事情は千差万別で、この図表通りということはありませんが、鳥の目で分析対象企業が属する業界の特性を知っておくことは必要です。一般的な姿を知らなければ、対象企業の特殊性・独自性を理解することはできないからです。特殊性・独自性を把握したら、「なぜそのような特徴があるのか」ということが分析の次のテーマになります。

2. 製品の面からのマーケティング分析

■ 利益率と回転率のバランスを測る交差比率貢献度分析

　交差比率とは、売上高総利益率と商品回転率の積です。一般に収益性と効率性はトレードオフの関係にあります。つまり、収益性が低い商品は効率性、回転率が高く、収益性が高い商品は効率性が低めになります。前者の例として最寄品である100円ライター、後者の例としては買回品である高級家具を挙げればイメージがわかると思います。裏腹な2つの関係を総合的に見るために利用される指標が交差比率です。

$$交差比率 = 売上高総利益率 \times 商品回転率$$

$$= \frac{総利益}{売上高} \times \frac{売上高}{商品} = \frac{総利益}{商品}$$

このように算式を展開すると、交差比率は商品別の在庫高に対する粗利益を示していることがわかります。**図表10－4**の交差比率貢献度分析は、この面からの商品ごとの利益への貢献度を表しています。

図表10－4 交差比率貢献度分析表

商品名	売上高	売上高構成比(a)	売上高総利益率(b)	商品回転率(c)	交差比率(d)(b)×(c)	加重積数(a)×(d)	貢献度(%)
A	6,300	15.0	30.0	12.0	360.0	54.0	12.4
B	8,400	20.0	20.0	10.0	200.0	40.0	9.2
C	4,200	10.0	40.0	8.0	320.0	32.0	7.3
D	2,100	5.0	20.0	10.0	200.0	10.0	2.3
E	21,000	50.0	40.0	15.0	600.0	300.0	68.8
計	42,000	100.0				436.0	100.0

売上高構成比と売上高総利益率を利用する利益貢献度分析

図表10－5は利益貢献度分析と呼ばれる手法です。売上高構成比と売上高総利益率の積で商品別の貢献度を測定するものです。中小企業でも商品別の総利益率や加工高率はよく把握されているので、実務的にも利用しやすい分析手法です。小売業の場合、店舗レイアウトによっても売上高が左右されます。商品別の売場面積とこの貢献度分析の結果を比較

図表10－5 利益貢献度分析表

商品名	売上高	売上高構成比(a)	売上高総利益率(b)	加重積数(a)×(b)	貢献度(%)
A	6,300	15.0	30.0	4.5	13.4
B	8,400	20.0	20.0	4.0	11.9
C	4,200	10.0	40.0	4.0	11.9
D	2,100	5.0	20.0	1.0	3.0
E	21,000	50.0	40.0	20.0	59.7
計	42,000	100.0		33.5	100.0

するのも有効な手法です。

■ 製品アイテム別に重要度を示すＡＢＣ分析

また、製品アイテム別の分析手法として一般的なものがＡＢＣ分析です。パレート分析ともよばれ、中小企業でもよく使われる簡便な手法です。ＡＢＣ分析は、以下のように行います。

> a：アイテム別の売上高を大きいものから並べて累計を求める。
> b：総売上高を100として個々のアイテムの売上高構成比と累計構成比を求める。

一般的には、アイテム数の上位20〜30％の製品で売上高の約70％、中位30〜20％で売上高の約25％、残りの約50％のアイテムで総売上高の5％を占めるとされています。

図表10－6、図表10－7が酒販業におけるＡＢＣ分析の例です。便宜上、アイテムではなく、商品ラインを使用しています。ここでは、上位2つの「食品・雑貨」と「ビール」をＡクラス、「ウィスキー」、「ワイン」、「焼酎」をＢクラス、以下をＣクラスに分類しました。

ＡＢＣ分析は、売上高基準による商品別の重要度を示すものです。どの商品を重点的に管理するかという商品管理の基準を示唆するものですが、Ｃランクの商品の扱いには注意が必要です。時々、「Ｃランクの商品を切って、Ａ・Ｂランクに特化する」という考え方をする人がいるからです（経営者にもいますが、こういう発想は金融機関の人間に多いようです）。

ＡＢＣ分析でＣランクに分類されたからといって、安易に切り捨てる対象にするべきではありません。Ｃランクのなかには、発売されたばかりの新商品も含まれていますし、Ａ・Ｂランク商品との関連購買を促進している商品もあるはずです（「死に筋（商品）が売れ筋（商品）を作る」

Ⅱ マーケティング分析編

図表10-6 ABC分析（1）

商品名	売上高(千円)	構成比(%)	累計比率(%)	
食品・雑貨	21,003	48.12	48.12	A
ビール	10,556	24.19	72.31	
ウィスキー	3,972	9.10	81.41	B
ワイン	3,505	8.03	89.44	
焼酎	2,649	6.07	95.51	
清酒	935	2.14	97.65	C
スピリッツ	598	1.37	99.02	
果実酒	179	0.41	99.43	
味醂	142	0.33	99.76	
合成酒	105	0.24	100.00	
計	43,644	100.00		

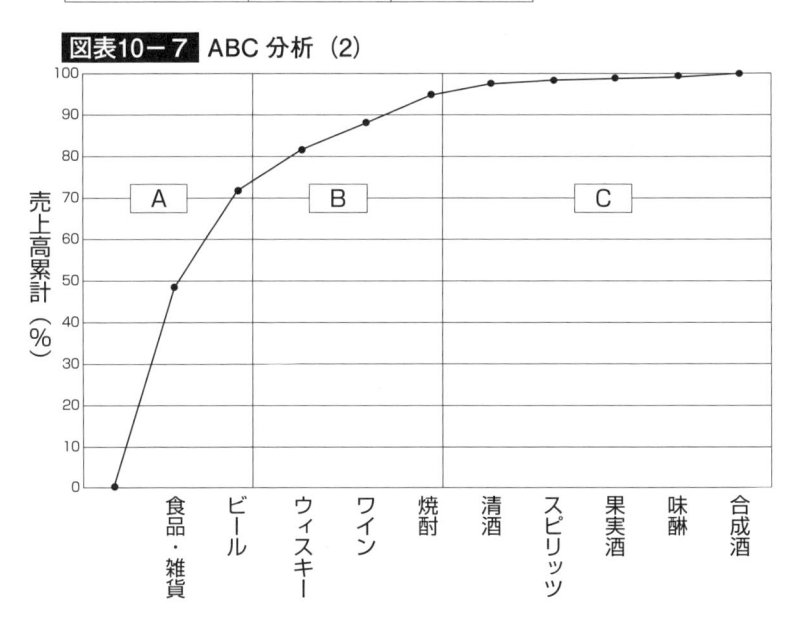

図表10-7 ABC分析（2）

という言葉もあります）。売上高ではなく、利益基準でＡＢＣ分析を行えば、Ｃランクの商品が上位に入る可能性もありますし、先に述べた貢献度分析などの結果も考慮する必要があります。

■ Cランクは「Consider」（熟慮せよ）？

　ＡＢＣ分析は、全商品に対して販売促進活動などの商品管理が均等に行われていることを前提に、重点管理の方向性を示そうとするものです。本来はもっと売れているはずの商品が、単に商品管理の手抜きによってＣランクに位置している可能性もあります。定量的な結果だけから判断するのは危険です。玉城芳治氏はその著書『マーケティング分析』（同友館）のなかで、「ＣグループのＣはCut offのＣではなく、Consider（熟慮せよ）のＣと心得るべきである」としています。この点は、ＰＰＭの「負け犬」（Dog）の扱いとも共通します。

　ＡＢＣ分析の結果は、時間軸との関連からも考える必要があります。１日の販売実績をＡＢＣ分析で見た場合、当然、Ｃランクには少数しか売れなかった商品が入ってきます。しかし、ある商品は陳列後３時間で在庫を売り切ってしまったということもあります。その場合、売り切れ後、欠品となっていたその商品については、顧客が買いに来ても商品がないために売ることができなかったという機会損失が発生していたことになります。ＡＢＣ分析の結果を読む場合、こうした可能性を考慮する必要もあるのです。

　また、ＡＢＣ分析は販売先や仕入先の分析などに応用すると、意外な収益源や仕入れプロセスにおける高コスト体質など興味深い結果が出ることがあります。

■ 実態と経営者の現状認識のズレに問題が現れる

　上記３つのような分析は、業界・業種の特性や企業の実態を把握するために行うものですが、こうした分析結果を経営者の認識と対比してみるとおもしろい結果が出ることがあります。

　ある食品スーパーの経営者は、常日頃から「ウチはもともと魚屋だか

ら、生鮮3品（鮮魚・精肉・野菜）の中では鮮魚に一番力を入れているし、実際にも鮮魚が売り物になっている」と話していました。

しかし、利益貢献度分析の結果では、自信があるという鮮魚よりも精肉や野菜の貢献度のほうが高かったのです。むしろ、鮮魚は売場面積の大きさや従業員の投入度合いからすると非効率的な部門でした。

また、ある卸売業は大手メーカーのある工場を最大のお得意先（販売先）としており、商談は取締役営業部長自らが行い、営業担当者は、ほぼ毎日その工場を訪問していました。同社にとって、その工場は売上高からすれば明らかにAクラスです。しかし、利益額でABC分析を行ってみると、準大手の別の企業がその工場よりも上位を占めていたのです。

このように、企業の実態と経営者の認識をズレを把握することも経営課題の発掘や事業計画書を検討する場合に有効です。

3. 業種・企業の特徴がわかる売上高総利益率

■ どれだけの売上でどれだけの利益があがっているか

売上高総利益率は、損益計算書上で売上高から売上原価を差し引いた段階の売上総利益の売上高に対する割合で、ポピュラーな指標です。

$$売上高総利益率 = \frac{売上総利益}{売上高} \times 100$$

この比率は、価格設定と密接な関係があり、その数値には次のようにさまざまなマーケティング要因が反映しています。

- ・競合商品の登場などの市場動向
- ・企業の市場競争力
- ・返品・値引などの状況
- ・製品ミックス（マーチャンダイジング）の状態

「競合商品の登場などの市場動向」は、企業の主力製品のライフサイクルが成長期に入った場合の特徴です。成長期においては（競合商品の登場によって）競合が激化しますから、企業の市場競争力が問われます。仕入管理の巧拙という要素も影響しますが、売上高総利益率が低下している場合は、販売力が弱いために「意図しない価格競争」に陥っていて売上高総利益率が低下しているということも考えられます。

■ 価格を変化させるとどれだけ需要が変わるか

また、これは企業側の課題ですが、セールなどで通常よりもプライシングを下げる際には、セール時と通常時の販売量の弾力性を測っておく必要があります。

$$販売量の価格弾力性 = \frac{販売量の変化率}{価格の変化率}$$

この点をおろそかにしていると、「利益なき価格競争」という泥沼のプライシングに陥ってしまいます。

「企業の市場競争力」と「返品・値引などの状況」は密接に関連しているもので、どちらも販売面における企業力を反映する要素で、企業力の強弱が売上高総利益率の高低に表れると考えられます。

企業全体の売上高総利益率は「製品ミックス（マーチャンダイジング）の状態」を反映したもので、先に述べた交差比率や利益貢献度はその点を分析する手法です。

4. 流通面からの分析

■ マーケティングの目から見た流通

流通（Place）というと、まず物流を想起する方が多いと思いますが、

流通には3つの種類があります。

物　流：	財の流れで、商品の供給者から需要者へ商品を移動すること。包装、保管、荷役（にやく）、輸配送と流通加工、ならびにそれを結合する情報の諸機能から構成される。
商　流：	商的流通。所有権と貨幣の流れで、生産から消費に至る過程において、商品の所有権を移転させるために行われる売買取引の流れ（フロー）のこと。取引流通ともいう。商流が主導して適切に物流と情報流を組み合わせることによって、流通は円滑に機能する。
情報流：	商流と物流を流れさせるもので、たとえば、マーケティング情報や製品の使い方（の提案）などが該当する。

one step up　　ロジスティクスとマーケティング
――――― Column

　ロジスティクス（logistics）とは、物流に加えて、物流を効率的にするような計画立案、統制する過程を含んだものをいいます。元は軍事用語の「兵站（へいたん）」、つまり作戦軍のための補給、後方支援を指す言葉から来たものです。マーケティングの分野では、原材料の調達から生産過程を経て、販売に至る財の流れを総合的にコントロールする機能に着目した表現といえるでしょう。物流とロジスティクスの関係は、販売とマーケティングの関係に似ています。
　旧日本軍はロジスティクス軽視で、「輜重輸卒（しちょうゆそつ）（輸送兵）が兵隊ならば、チョウチョ、トンボも鳥のうち」などといわれていました。

■■ 流通から業界や企業の特性を見る

　以下では、商品の流通面から業界や企業の特性を見る手法について解説します。

❶ 売上高物流費率

流通に関する財務分析指標としては、物流の状態を測る売上高物流費率があります。

$$売上高物流費率 = \frac{物流費}{売上高} \times 100$$

物流費には、荷造・荷役、保管料、運賃などが含まれます。物流費は製品（商品）を顧客の手元に届けるまでの総コストですから、この比率は低いほど良好です。一般には損益計算書上、「販売費及び一般管理費」に計上される項目ですが、製造業の場合は工場間での物流費が発生することがあり、この部分は製造コストに算入されます（製造原価報告書：巻末「付録3」を参照）。

❷ 流通と回転期間分析

流通の問題は、回転期間分析と関連しています。製造業にとって売上債権は、出荷後の問屋在庫と小売業の店頭在庫に相当します。問屋在庫と店頭在庫の和が流通在庫ですが、製品の売上が伸びないと、この流通在庫の回転期間が長期化する傾向があります。製品力が弱いために、営業担当者による押し込み販売が発生するからです。製品（商品）回転期間が長期化すると「不良在庫の疑いがある」とするのが、融資担当者にとって一種の「お約束」ですが、不良在庫とまではいえない状態、製品力や販売力の弱さに起因する在庫のダブツキとするほうが正確な場合があるかもしれません。こうした点は現場の調査によって見極めるべきで、財務指標だけから安易に判断するべきではありません。

$$在庫回転期間 = \frac{在庫}{月商} \quad [月]$$

売上債権回転期間が長期化している場合に「不良債権の疑いがある」とするのも「お約束」のひとつですが、ライフサイクルが導入期にある

製品は、プロモーションの一環として回収条件を買い手（卸売業者や小売業者）に有利にすることによって市場への浸透を図ることもあります。「お約束」にとらわれずに、マーケティング分析の視点で企業行動を読むことが必要だと思います。

$$売上債権回転期間 = \frac{売上債権}{月商} \quad [月]$$

在庫のうち、製品・商品の回転期間については前に述べた通りですが、在庫には仕掛品、貯蔵品、原材料などもあります。これらの回転期間は個別に分析する必要があります。仕掛品回転期間が長期化している場合は生産効率の低下が疑えますが、販売が順調なら（あるいは企業が強気の販売計画を立てていると）、仕掛品、貯蔵品、原材料の回転期間は長期化することもあります。

$$仕入債務回転期間 = \frac{仕入債務}{月商} \quad [月]$$

仕入債務回転期間は、一般的に売上債権回転期間、在庫回転期間と連動性が高いとされています。売上債権回転期間、在庫回転期間が短いとキャッシュフローが潤沢になりますから、仕入債務の支払を早くして値引などの恩恵を受けようとするため、回転期間が短期化するのです。この点は損益計算書の営業外収益に計上される仕入割引と関連してきます。

❸ **チャネル・ギャップ分析**

流通チャネルの状態を分析するための手法としてチャネル・ギャップ分析があります（**図表10－8**）。業界全体の流通経路タイプ別売上高構成比と対象企業の流通経路タイプ別の売上高構成比を比較するものです。両者の差がチャネル・ギャップです。チャネル・ギャップの存在自体は悪いことではありません。マーケティングの戦略として意識的にチ

図表10−8 チャネル・ギャップ分析

	業界全体の流通経路タイプ別売上高構成比(a)	A社の流通経路タイプ別売上高構成比(b)	チャネル・ギャップ (b)−(a)
百貨店ルート	10	0	−10
スーパールート	50	40	−10
CVSルート	15	10	−5
一般小売店ルート	20	50	+30
その他	5	0	−5
計	100	100	

出所：『マーケティング分析』（玉城芳治・同友館）

ャネル・ギャップを大きくしている企業もあります。そうした企業が対象ならば、そのチャネル戦略の妥当性が企業分析の焦点になります。

問題は、企業が「意図しないチャネル・ギャップ」が広がっていることに気がつかずにいることです。流通チャネルの主流が変化しているにもかかわらず、従来のチャネルを維持していることは戦略のミスマッチにつながります。

たとえば、書籍の流通ルートとして、近年コンビニエンス・ストア（CVS）が急速に台頭しました。コミック・雑誌中心で個々の店での品揃えは一般書店に劣るのですが、販売量で見た場合には、日本一の書店はセブン−イレブンなのです。CVSでしか見かけないコミックの廉価版ダイジェストなどもあり、生産体制にも影響を与えていることがわかります。酒類販売においても、すでに酒小売店のシェアをCVSのそれが上回っています。

チャネルの問題に限りませんが、組織には「慣性の法則」が強く働くため、いったん確立した状態や方向性を維持しようとする力が強く働きます。中小企業はこうした意図しないチャネル・ギャップのような外部環境情報の分析を軽視する傾向がありますが、チャネル・ギャップ分析の結果には経営者もかなり興味を示します。

❹ マーケット・カバレッジ(MC)分析

　製造業者にとっては、自社製品の取扱店の開拓が営業上の重要なテーマとなります。この状態を見るのがマーケット・カバレッジで、取扱店率とも呼ばれます（図表10－9）。

$$\text{マーケット・カバレッジ} = \frac{\text{取扱店数}}{\text{取扱可能店数}} \times 100$$

図表10－9では、A地域、C地域、D地域のマーケット・カバレッジが全社平均を下回っています。マーケット・カバレッジのデータを地域別の営業活動の実態と比較してみると、営業活動の濃淡と実績の関係がわかり、営業戦略策定の方向性が見えてきます。

図表10－9 マーケット・カバレッジ

	当社製品の取扱可能店数(a)	当社製品の取扱可能店数(b)	マーケットカバレッジ $\frac{(b)}{(a)}$ (%)	平均対比
A地域	80	25	31.3	77.0
B地域	100	47	47.0	115.6
C地域	63	20	31.7	78.0
D地域	120	40	33.3	81.9
E地域	50	30	60.0	147.5
			平均40.66	

出所：『マーケティング分析』（玉城芳治・同友館）

❺ インストア・シェア

　インストア・シェア（得意先内占有率：In Store Share, ＩＳＳ）は、小売店など製品の販売業者の取扱高に占める自社製品の構成比です。

$$\text{ＩＳＳ} = \frac{\text{自社製品の仕入高}}{\text{販売業者の同種製品仕入高}} \times 100$$

　分子である自社製品の仕入高は企業内情報でわかりますが、分母の販売業者の同種製品仕入高は容易にはわかりません。基本的には営業担当者の情報収集によるしかありませんが、小売店の場合は店頭陳列のフェ

イシング数で代替することがあります。

　マーケット・カバレッジが地域別の製品浸透度を表すのに対して、インストア・シェアは得意先に対する製品の浸透度を表しているといえます。営業担当者の成果の分析にも使えますが、得意先に対する拡販の余地を測る指標として経営計画策定の基礎資料としても利用できます。

5. プロモーションの分析

■ プロモーションとは

　プロモーションには、通常、広告、販売員活動、パブリシティ、販売促進の４つが含まれます。ここでは広告活動に関する分析手法を中心に述べます。なお、「広告」という言葉は、「宣伝」と同じような意味で使われますが、厳密には、以下のようにそれぞれのニュアンスがやや異なっています。

広告（advertising）： テレビ、ラジオ、新聞などの有料の広告媒体（media）を使い、企業のメッセージを人によらない手段で提示すること。メディアのうち、新聞なら日本経済新聞などのように特定の銘柄を指す場合はビークル（vehicle）という言葉を使う。

宣伝（propaganda）： 特定の目標のもとに世論を操作し、その思想、主張を特定の方向へ伝達させる活動。産業社会の発展とともに商業宣伝となり、広告宣伝と結びつけて使われるようになったが、本来は政治的、イデオロギー的に使う場合を含む。

■■ プロモーションに関する分析比率

　プロモーションのうち、広告活動に関する分析比率の代表的なものが、売上高広告費率です。

$$売上高広告費率 = \frac{広告費}{売上高} \times 100$$

　企業分析全体に共通することですが、この比率も過去数年のトレンドを見ていきます。企業の内部資料で地域別・媒体別の広告費データとその売上高データがあれば両者を対比します。

　トレンドの分析と関連するのが、広告費伸び率です。この比率と売上高増加率の弾力性を測ることもマーケティング力を評価する手段のひとつです。

$$広告費伸び率 = \frac{当期広告費}{前期広告費} \times 100$$

　また、売上高広告費率の逆数が広告費効率で、広告費1円当りの売上高を示しています。

$$広告費効率 = \frac{売上高}{広告費}$$

　広告の効果分析のためには、広告費の対売上高だけでなく利益と対比して考える必要があります。売上が伸びても、広告費やその他の経費がかさんで利益率が低下してしまっては意味がないからです。この点を見る指標が広告貢献度です。売上高広告費率が低下傾向（広告費効率が上昇傾向）でも、広告費貢献度が低い場合はその他の要素に問題があると考えられます。

$$広告費貢献度 = \frac{営業利益}{広告費}$$

　上記の式の分子に販売奨励金を置けば、そのまま販売促進の効果分析

の指標となります。

　一般に、広告費のウエイトが大きければマーケティング戦略は広告で製品をアピールする「プル戦略」重視で、販売奨励金のウエイトが大きければ販売活動が川上から川下の小売業者を経て、最終的には消費者へ向かう「プッシュ戦略」重視であるといえますが、実際には両者を混合して採用している企業が多いので、比率分析だけでは明確な線引きができません。むしろ、ヒアリングの結果と照合して、戦略に一貫性が保たれているか否かを検証する手段として、各種の分析指標を利用するべきだと思います。

one step up

プル戦略と高校野球

──────── **Column**

　プル（pull）もプッシュ（push）も文字通り「引く」、「押す」という意味です。プル戦略は消費者に広告で製品をアピールし、小売業者に対して指名買いをしてもらおうとするものです。製品は、末端の消費者から川下（小売業者）→川中（卸売業者）→川上（製造業者）へ指名注文されていきます。

　プッシュ戦略は販売員活動というプロモーション手段が川上から川下へ向かって行われるものです。川上の生産者（製造業者）が、川中の卸売業者、川下の小売業者に対して応援、説明や資金援助などのサポートを行います。消費者に対して商品を押してゆき、自社製品を積極的に販売してもらおうとするものです。

　アメリカではプル戦略が主流です。地理的に広大な市場のため、広告で消費者に働きかけて小売店に引っ張ろうとするのです。結果として、広告費などのコストが高くなります。

　一方、日本は国土が狭く、消費者が高密度で居住しており、もともと１億総中流といわれる単一マス市場です（最近は"格差社会"ともいわれますが）。この市場を取り込むには、チャネルを押さえ込むことが有効でした。そのため、プッシュ戦略が重視されて、日本の多くのメーカーは４ＰのうちPlace力で事業基盤を築いてきました（資生堂・ナショナルショップなどが代表例）。チャネル依存型のブランド戦略を採用したのです。結果として、日本のメーカーの費用構造は流通コストがアメリカに比べても大きくなり、営業人件費や支社・支店網の維持費が大きい割に、広告費は売上高の５％に過ぎない（アメリカは１５～２５％）という特徴があります。

　高校野球の中継で、選手が流し打ちをすると、「逆らわずに（引っ張らずに）うまく打ちました」などとほめられますが、あれもプル志向が弱い日本の風土の反映なのでしょうか。

第11章
企業の総合評価

1. 企業の内外の環境分析

■ SWOT分析で外部環境と内部環境を見る

　SWOT分析は、企業の内外の環境分析を行う手法のひとつで、近年、金融界でもポピュラーになってきました。企業の内部環境を自社の「強み：Strengths」と「弱み：Weaknesses」、外部環境を「機会：Opportunities」と「脅威：Threats」という切り口で分析する手法です（図表11－1）。

図表11－1　SWOT分析

内部環境	Strengths 強　み	Weaknesses 弱　み
外部環境	Opportunities 機　会	Threats 脅　威

　SWOT分析は、事業計画書を策定する場合にも事業計画書の内容を検討する場合にも有効な手法です。SWOT分析を行うにあたっては、まず外部環境（市場の魅力）の分析（O／T）を行うのか、それとも先に内部環境（企業力）の分析（S／W）を行うのか、という優先順位の問題があります。

　フィリップ・コトラーはその著書『コトラーの戦略的マーケティング』

（ダイヤモンド社）において、外部環境の分析を優先することをすすめています。O／Tを検討することによって「企業と製品の強みと弱みのどれに注目すべきかを考えるきっかけになる」からで、「企業は、実体がとらえにくい好機と脅威をもとに、どの強みをより鍛えるか、またどの弱みを補うかを意思決定しなければならない」としています。

■「何をなすべきか」と「何ができるか」を考える

　外部環境の分析（O／T）は、企業にとって「何をなすべきか―Should」を示唆するのに対して、内部環境の分析（S／W）は「何ができるか―Could」を考えさせます。「目的を達成するために何をしなければならないか」と考える前者のスタンスは演繹法的な思考であり、「目的に対して何ができるか」という選択肢を集めて最適の手段を選択する後者は帰納法的な思考過程です。そして、「何をなすべきか」を考えてから「何ができるか」を考えるというコトラーのスタンスは、演繹的帰納法（135ページのコラム参照）といわれる思考過程です。この考え方は世界の主要国の軍隊が採用しているもので、さまざまな国の軍隊が国際平和維持活動や多国籍軍として連合作戦や共同作戦を行うことができるのは、この基本的な考え方が一致しているからなのです。

　「Could（何ができるか）」を優先する帰納法的なアプローチは、しばしば「これしかできない」という否定的な発想に陥りやすいことは経験的にも認識できます。私も基本的に演繹的帰納法のスタンスを採用しているので、前述の"Should"と"Could"の適合（Fit）を考える場合は、まず"Should"を考えることにしています。中小企業経営者は「何をなすべきか」よりも、「これしかできない」や「そんなことはとてもできない」という否定的な強さを発揮することが多いので、課題解決型金融を実践する融資担当者としては意識的に「何をなすべきか」という発想に立つ

べきだと思います。

■■ SWOT分析における注意点

SWOT分析にあたって注意することは、強み・弱み、機会・脅威は相対的なもので、競争相手との対比で考える必要があるということです。環境要因が自社に有利に変化したとしても、競争相手も同時にメリットを享受するなら、それは必ずしも「機会」とはいえません。逆に環境要因の悪化が自社にとって脅威となる場合でも、競争相手も同様ならば、それは必ずしも「脅威」とはなりません。

SWOT分析の結果は、ある意味では問題点の羅列に過ぎないといえますので、そこから何を読み取り、何をどのようにするかという示唆を引き出すことが重要です。想定される脅威に対して、弱みをいかに克服するか、予想される機会を生かす強みをどのように開発するかといった発想が必要で、その具体的な方法論を一定の時間軸の中で記述するのが事業計画なのです。

2. 良い事業計画と悪い事業計画

■■ 計画と実態の「ネジレ」

中小企業の場合、利益目標を掲げていながら、営業などのオペレーションは目標売上高をにらんで活動していることが多々あります。売上高で成績を管理しているため、営業担当者は値引きしてでも売上を上げようとします。その結果、利益率が低下してしまい、利益目標を掲げている意味がなくなってしまいます。こうした「ネジレ」を発見することは企業の定性的な評価につながると同時に、この「ネジレ」の解消が経営改善のポイントでもあります。

中小企業の場合、事業計画さえ立てていないことが多いのですが、計画があってもあまり説得力がないものがたくさんあります（事業計画の説得力も企業・経営者の定性評価のポイントのひとつです）。たとえば、売上目標は前年比110%――のようになんとなく経営者が決めます。では、どうやって10%の増加を達成するのかと尋ねると、「社員全員が一丸となってガンバル！」とか「努力と根性で目標必達」など、とたんに精神主義的色彩が濃くなってしまう経営者は現実に数多くいます。

質疑応答

Q：ＳＷＯＴ分析以前はどのような分析手法が主流だったのですか。また、ＳＷＯＴ分析が主流になった要因は何ですか。
A：以前は財務諸表分析が主流で（現在でもそうですが）、企業の環境分析をするという発想が希薄でした。ＳＷＯＴ分析が主流になったのは、リレーションシップバンキングのアクションプログラムにおいて、融資先の経営改善や担保や保証に過度に依存しない融資を求められたからです。

Q：ＳＷＯＴ分析において外部環境である機会や脅威がない場合、企業はどう行動するのですか。たとえば、強みを活かせるような機会がない場合は、何もしないのでしょうか、それとも機会を生み出すために何か行動を起こすのでしょうか。
A：機会、脅威がまったくないという場合はレアケースで、単に分析の深度が浅く、機会・脅威を発見できないだけという場合が多いと思います。「何か行動を起こす」かどうかは、経営者の個別判断です。

Q：事例として紹介される、取引先のありえないような返答などを聞いていると、案外わかっていない経営者が多いという印象を受けますが、理解しやすいように多少脚色しているのでしょうか。
A：「社員全員が一丸となってガンバル！」といった経営者の話は事実です。基本的に脚色はしていません。経営者に限らず「わかっていない人」が多いことは、就職すれば身にしみてわかるでしょう。もっとも、勉強していないと、自分が「わかっていない」ことさえわかりませんが。

経営者には戦略的思考が不可欠

　戦略的思考、戦略策定の出発点は分析です。企業の市場環境や経営資源の分析を通じて本質的な問題点を抽出し、企業の方向性（戦略）を決定していく。日本の（中小）企業には、この戦略的思考が希薄であるといわれますが、それは経営者に戦略的思考が希薄ということです。中小企業においては、企業力の大半が経営者の能力と重なるからです。

　この原因のひとつとして考えられるのは、「PLAN（計画）― DO（実行）― CHECK（検証）― ACTION（対策実施）」という有名なマネジメント・サイクルに対する誤解です。計画の立案に先立って戦略を策定しなければなりませんが、その前提として現状の分析が必要です。そのためには調査が必要で、調査（Research）結果を踏まえて戦略（Strategy）が策定されるべきなのです。しかし、計画立案担当者にこの「R」と「S」の意識が欠如していると、計画は単なる努力目標か一種の期待値の羅列になってしまいます。

戦略と計画はどこが違うか

　戦略と計画は表裏一体の関係にはありますが、両者は質的には異なるものです。前述の「命題（目的）・前提・分析・総合・結論」という演繹的帰納法でいえば、分析した結果を総合した結論として策定されるのが戦略です。これに対して、総合結論として策定された戦略の目的、目標を達成するための戦術やオペレーションをプロセスとして記述するのが計画です。戦略が総合・統合という思考作業の結果なら、計画は戦略目標に至る道筋を示すもので、総合・統合に対していえば、分解・組み立てという作業なのです。

∷ 事業計画書の見方

　融資案件の検討材料としての事業計画書の見方ですが、「悪い事業計画書」についてはハッキリしています。先にも述べた通り、売上高などの販売目標だけが掲げられていて、かつその目標数値にはこれといった根拠がない計画書です。売上目標の達成の根拠を問うと、「社員一丸となって努力と根性で目標必達」などという答が返ってくるパターンです。もちろん、利益目標などは設定されていません。

　悪い計画書については、見れば誰でもわかりますが、良い事業計画書とはどうあるべきかということは意外に定義できる人がいません。

　良い事業計画書を簡潔に定義すると、以下のようになります。

- 企業が「何をするか」（What to do）ということ（戦略）が明記されている。
- 「何をするか」について、「どうやるか」（How to do）ということ（戦術）が明記されている。
- 「何をするか」「どうやるか」をふまえて、説得力のある数値目標（売上、利益など）が掲げられている。
- 全体を通して、（誰が）「何をどうやるか」について時間軸をふまえてプロセスが記述されている。

∷ 戦略と戦術の整合性を確認する

　この「何をするか」（What to do）という考え方は、企業経営においても、企画やその他の仕事においても非常に大切なことです。しかし実社会には「何をするか」を決めないで、「どうやるか」（How to do）を考える人がたくさんいます。しかし、本来、何をするかを決めないで、どうやるかは決定できません。

　「何をするか」を企業の経営戦略といいます。「何をするか」に対する「どうやるか」を戦術といいます。戦略と戦術との間には整合性が求められ

ます。「店頭販売を強化する」としながら、小売の販売拠点や店頭の販売担当者よりもルートセールスの営業担当者の数が多いなどといった矛盾があってはいけないのです。こうした点を確認することが、企業の戦略性など定性的な評価につながります。

　戦略自体の「質」も問われます。ある食品スーパーは「ドミナント出店」と称して、半径 500 メートルほどの小商圏に 4 店舗もミニスーパーを出店し、「タマゴ 1 パック 10 円！」などのチラシを打って積極的に自社競合（共食い）を演出していました。その点をメインの金融機関に指摘されると、今度はデリバリーを無視して他県への出店を始めました。その結果、配送費などデリバリーに要する費用がかさみ、営業損失に陥ってしまいました。

　優れた事業計画書を作成する前提として、企業経営者に必要なのは論理的な思考力なのだと思います。

第 12 章
事例研究 2
―― 定量分析と定性分析を組み合わせて評価する

　以下の企業概要（状況設定）と財務分析結果を読んで、事例企業および同社の新店舗出店構想を評価してください。参考資料の経営指標なども加味して、定量分析と定性分析の融合を試みてください。

1.（株）Bストアの企業概要

　（株）BストアはT市K区に本店を置く食品スーパーです。

　40年前に現在の代表者（63歳）が同区内に青果店を個人創業、3年後に現在の本店舗を賃借し、同時に資本金1,000千円で有限会社を設立、スーパーマーケット（SM）に業種転換しました。30年前に同区内の借地に支店（建物は同社所有）を開店し、資本金10,000千円で株式会社に組織変更しました。

　株主を代表者家族で固めた典型的な同族企業ですが、賃金水準が高く福利厚生も充実しており、従業員（パートを含む）の定着率は高いのが特徴です。

　本支店とも周辺に強力な競合店がなく、開業以来、順調に売上を伸ばしてきましたが、20年ほど前に本店の近隣に大手資本の大型商業集積が誕生しました。同社への影響が心配されましたが、これに先立って資本金を15,500千円に増資し、本店の全面改装を実施して対抗したため、競合店の影響は軽微にとどまりました。

　近年は商圏内人口の減少やその他の競合店の進出もあって商圏内の競

図表12-1 食品スーパーの主な経営指標

売上高総利益率	23.93%
広告宣伝費率	1.19%
売上高営業利益率	1.22%
労働分配率	47.47%
商品回転率	26.32回
売上高	
3.3㎡当り	5,442千円
従業者1人当り	29,323千円
客単価	2,110円

(注) 実際の数値をもとに、事例に合わせて加工

合が激化しており、売上高は伸び悩んでいますが、販売効率は依然として高水準を維持しています。創業以来、低価格販売をモットーとしていますが、従業員の定着率が高いため、顧客に対して親密な接客サービスができるのが強みです。固定客比率が高いのが特徴で、経営者もこの点には自信をもっています。

取引金融機関は当行とG行の2行ですが、G行には支店の売上高を一時的に入金する口座を持つのみで実質的には当行1行先です。

新規出店、多店舗展開には従来より慎重な姿勢を保ってきましたが、近年は良質な商圏なら新店舗を出店したいと経営者は語っています。現時点で具体的な計画はありませんが、新店舗出店の場合は株主割当増資で資本金を30,000千円に増資して自己資金の一部に充てる予定です。

財務体質の改善も志向しており、簿価の20％程度の含み損を抱えている投資有価証券を売却して、既存の長期借入金を全額一括返済し、残金を新店舗出店の自己資金および予備資金とするという構想です。また、それを機に配当政策も見直し、配当性向（＝配当金÷当期純利益×100）を10％（目標）とし、今後は内部留保を高めたいということです。

図表12-2 ㈱Bストアの貸借対照表
(単位：千円)

	X1期	X2期	X3期		X1期	X2期	X3期
＊流動資産	39,256	47,284	31,755	＊流動負債	81,934	75,762	66,681
現金・預金	9,959	17,891	14,587	支払手形	2,328	1,164	―
売掛金	271	301	51	買掛金	53,082	51,945	47,448
商品	20,797	18,954	16,035	未払法人税等	847	2,378	3,312
短期貸付金	2,545	5,845	―	その他流動負債	25,677	20,275	15,921
未収金・仮払金	―	185	185	＊固定負債	54,670	67,624	58,828
その他流動資産	5,684	4,108	897	長期借入金	54,670	67,624	58,828
＊固定資産	129,999	128,953	124,482	＊純資産	32,651	32,851	30,729
建物	10,855	9,999	8,572	資本金	15,500	15,500	15,500
機械	782	605	468	利益準備金	17,151	17,351	15,229
車両・器具・備品	5,964	3,927	2,523	＊負債・純資産合計	169,255	176,237	156,237
その他無形固定資産	378	378	378				
投資有価証券	81,556	82,571	82,571	従業員（名）	24	24	24
投資その他の資産	30,464	31,473	29,970				
＊資産合計	169,255	176,237	156,237	売場面積（㎡）	266	266	266

第12章 事例研究2

図表12-3 ㈱Bストアの損益計算書

(単位：千円)

	X1期	X2期	X3期
売上高	1,213,323	1,137,588	1,125,559
売上原価	987,972	914,095	903,014
＊売上総利益	225,351	223,493	222,545
販売費及び一般管理費	211,113	211,882	202,537
（役員報酬）	24,200	30,000	31,200
（従業員給与）	97,246	93,500	89,481
（広告宣伝費）	8,088	7,552	5,315
（運送費保管費）	2,108	2,568	2,421
（賃借料）	27,649	26,508	27,662
（租税公課）	3,390	9,512	13,247
（減価償却費）	3,222	3,764	2,853
（その他販管費）	45,210	38,478	30,358
＊営業利益	14,238	11,611	20,008
営業外収益	2,301	1,685	1,359
（受取利息配当金）	605	1,113	922
（その他収入）	1,696	572	437
営業外費用	3,839	3,356	4,466
（支払利息割引料）	2,862	3,356	4,351
（その他費用）	977		115
＊経常利益	12,700	9,940	16,901
特別利益	2,219	12,212	
特別損失		3,246	
＊税引前当期純利益	14,919	18,906	16,901
法人税、住民税及び事業税	1,695	4,756	6,623
＊当期純利益	13,224	14,150	10,278
繰越利益剰余金前期末残高	3,227	16,451	15,256
利益準備金積立▲		1,395	1,240
剰余金配当▲		13,950	12,400
当期純利益	13,224	14,150	10,278
繰越利益剰余金当期末残高	16,451	15,256	11,894

（注）株主資本の変動については、X1期は旧商法に基づいた決算で、X2期から会社法に基づく決算に移行したと仮定して、簡略に記載しています。

図表12-4 ㈱Bストアの分析表

〈安全性〉	X1期	X2期	X3期
流動比率（％）	47.91	62.41	47.62
当座比率（％）	12.49	24.01	21.95
固定比率（％）	398.15	392.54	405.10
固定長期適合率（％）	148.87	128.34	139.00
自己資本比率（％）	19.29	18.64	19.67
経常収支比率（％）		101.17	101.56
インタレスト・カバレッジレシオ（倍）	5.19	3.79	4.81
〈収益性〉			
総資産経常利益率（％）	7.50	5.64	10.82
売上高総利益率（％）	18.57	19.65	19.77
売上高営業利益率（％）	1.17	1.02	1.78
売上高経常利益率（％）	1.05	0.87	1.50
売上高利益率（％）	1.09	1.24	0.91
〈成長性〉			
売上高趨勢比率（％）		93.76	98.94
経常利益趨勢比率（％）		78.27	170.03
当期純利益趨勢比率（％）		107.00	72.64
総資本趨勢比率（％）		104.13	88.65
〈生産性・効率性〉			
1人当り人件費（千円）	5,060	5,146	5,028
従業員1人当り売上高（千円）	50,555	47,400	46,898
労働分配率（％）	71.16	70.38	65.31
総資産回転率（回）	7.17	6.45	7.20
〈規模〉			
売上高（千円）	1,213,323	1,137,588	1,125,559
総資産（千円）	169,255	176,237	156,237
自己資本（千円）	32,651	32,851	30,729
従業員（人）	24	24	24
〈その他〉			
手元流動性比率（月）	0.10	0.19	0.16
3.3㎡当売上高（千円）	15,053	14,113	13,964
広告宣伝費率（％）	0.67	0.66	0.47

図表12-5 資金移動表

(単位:千円)

	X2期	X3期
＊経常収支の部＊		
経常収支		
売　上	1,137,588	1,125,559
売上債権増加　▲	30	▲250
前受金増加	0	0
営業外収入	1,685	1,359
＊経常収入合計	1,139,243	1,127,168
経常支出		
売上原価	914,095	903,014
販売費及び一般管理費	211,882	202,537
営業外費用	3,356	4,466
棚卸資産増加	▲1,843	▲2,919
仕入債務増加	▲2,301	▲5,661
前渡金増加	0	0
減価償却費　▲	3,764	2,853
貸倒引当金増加　▲	0	0
退職給与引当金増加　▲	0	0
＊経常支出合計	1,126,027	1,109,906
A　経常収支	13,216	17,262
＊固定収支の部＊		
設備支出		
固定資産増加	2,718	▲1,618
繰延資産増加	0	0
未収金・仮払金増加	185	0
その他流動資産増加	▲1,576	▲3,211
その他流動負債増加　▲	▲5,402	▲4,354
その他固定負債増加　▲	0	0
特別利益　▲	12,212	0
特別損失	3,246	0
＊設備等支出合計	▲2,237	▲475
決算支出		
法人税等	3,225	5,689
配当金	13,950	12,400
＊決算支出合計	17,175	18,089
B　固定収支	14,938	17,614
＊財務収支の部＊		
財務収入		
増　資	0	0
長期借入金増加	12,954	▲8,796
短期借入金増加	0	0
割引手形増加	0	0
＊財務収入合計	12,954	▲8,796
財務支出		
有価証券増加	0	0
長期貸付金増加	0	0
短期貸付金増加	3,300	▲5,845
＊財務支出合計	3,300	▲5,845
C　財務収支	9,654	▲2,951
A－B＋C現預金増加	7,932	▲3,303

■ 分析結果

あなたの分析結果を書き出してみましょう。

① 安全性の面

② 収益性の面

③ 外部環境を考慮した分析

④ （株）Bストアの新規出店構想について

2. 分析結果の例

■ 安全性・収益性の分析

　安全性の静態的分析指標では、流動比率・当座比率が極端に低いのが当社の特徴です。X3期は流動比率47.62％、当座比率が21.95％で、売上が現金回収で売上債権勘定がほとんどないとはいえかなりの低率です（小売業の上場企業の流動比率は平均で約76％です）。

　財務バランスからみると、現金預金と長期借入金が投資有価証券に投入されている形で、結果として手元流動性比率が0.16（月）と低水準になっています。

　動態的分析指標では、経常収支比率が過去2期100％を上回っており、支払能力は健全な水準にあります。インタレスト・カバレッジ・レシオも4.81倍と好水準で、金利負担能力にも不安はありません。

　ただ、資金移動表によると、X3期は経常収支の余剰17,262千円のうち、法人税等5,689千円を除いた残額が配当金支出に充てられています。

　いかに現金商売とはいえ、これほど配当性向（X3期、78.20％）が高く手元流動性比率（（現金預金＋有価証券）÷月商）が低いと、期中では買掛金の決済など資金繰りに一時的に窮する場面も考えられ、短期のつなぎ資金のニーズがあると思われます。こうした場合には、代表者の個人預金から決済資金の振替が行われている可能性もあります。

　収益性の分析指標では、売上高総利益率が経営指標より4.16ポイント低くなっています。低価格販売を実行している結果で、低価格販売を経営方針として容認すれば短絡的に批判することはできません。前述のようにインタレスト・カバレッジ・レシオも好水準で、低価格販売が収益性を圧迫しているとは必ずしもいえないからです。

▰ 定量分析と定性分析

　生産性も高く、X3期の従業員1人当り売上高、売場3.3㎡当り売上高は、それぞれ経営指標の1.60倍、2.57倍と高水準です。労働分配率は65.31％と経営指標を17.84ポイント上回る水準で、この点では生産性は低いといえます。従業員の給与水準を高めに維持していることが原因と思われますが、その他の経費は絞り込んでいるわけで、この点は広告宣伝費率が経営指標（1.19％）よりも0.72ポイントも低いことからもうかがえます。新聞の折り込みチラシなど広告宣伝を重視する業界一般の特性からすれば特異なことです。

　粗利益を犠牲にする低価格販売と従業員の高い給与水準は裏腹な戦略ですが、従業員の定着率が高いため、セルフサービスを基本とするSMの業態としては異例の親密な接客サービスを実現しています。この結果が固定客比率の高さにつながっているわけで、小規模なSMとしては必要な戦略ということもできます。低価格販売と親密な接客サービスの実現はかなりのバランス感覚を要求される戦略ですが、競合が激しい既存店で高い販売効率を維持している点で、現状の戦略（経営方針）は一応評価できます。

　しかし、商圏内人口が減少傾向にあることを考えると、広告宣伝費を削り固定客に頼った販売は、経営を縮小均衡に導く可能性もあり、戦略の一考を要するところです。

▰ 総合分析

　典型的な同族企業という点を考慮しても、手元流動性を犠牲にしてまで行っている有価証券投資や、高い配当性向を維持して内部留保を軽視する姿勢は、経営者一族に利するためと批判されてもしかたがありません。当社は企業というよりも、いまだ家業感覚で経営されている状態と

いえます。

　ただ、投資有価証券の売却による長期借入金の返済、配当性向を低めて内部留保を充実するべく計画している点には、経営体質改善の意思が見受けられます。商圏内の競合度が既存店よりも低いなど、良質な新店舗候補地があれば商圏内人口の減少や激化する競合環境といった、現状の経営のマイナス要因をカバーする前向きな投資計画として支持したいところです。

　投資額と出店後のキャッシュフローの予測にもよりますが、新規出店によって、業績の安定化、さらには拡大の拠点が確保できる可能性が高いからです。

III

融資の基礎知識編

Introduction

　ここまで、融資判断に求められる企業分析について述べてきましたが、そもそも金融機関が行う融資について、その方法や専門用語など、初心者や学生の方はわからないところが多いと思いますので、基礎的な事項をひと通りこの「融資の基礎知識編」で解説しました。

第13章
融資とは

1. 金融機関と融資

■ 金融と融資

　金融という言葉は「資金の融通」の略語として用いられていたものですが、現在では一般用語として成立し、「資金の融通」は金融という言葉の定義となっています。融資は「資金の融通」の変形ですが、これもすでに一般化しており、「資金の融通」も融資という言葉の定義になっています。

　金融も融資も同じ定義を持つ言葉ですが、多くの場合、金融は金融機関の資金運用と資金調達の双方を含めて、資金流通全体をカバーする言葉として使用されます。これに対して、融資は、一般的には貸出を中心とする金融機関の資金運用を指します。

　相手が信用できなければ資金を貸すことはできませんから、融資は他者に信用を供与する行為です。融資などによって他者に信用を供与する行為を「与信行為」といいます。反対に預金のように資金を受け入れて自己の融通資金に充当することを「受信行為」といいます。銀行や信用金庫などの金融機関は、預金の受入れという受信業務と融資という与信業務の双方を行うわけです（反対に預金者から見れば、預金の預入れは金融機関に対する与信行為です）。この２つの業務に為替業務を加えた３業務が、金融機関の基本的な業務です。

■■ 資金仲介機能と信用創造機能

　受信業務によって、金融機関は、資金の安全保管機能や貯蓄手段提供機能、支払手段提供機能などを預金者に提供しています。ちなみに事業者・消費者金融会社やリース・信販会社などがノンバンクと呼ばれるのは、預金の受入れという受信行為を許されていないからで、それらの企業は、主に金融機関からの借入によって資金を調達して与信を行っています。

　与信業務においては、金融機関は、融資による資金供給機能と信用創造機能を担っています。信用創造機能とは、金融機関が融資や証券投資などを通じて預金通貨を創出する機能のことです。金融機関は預金を原資として融資を行います。これは受け入れた預金のうち、一定の割合を預金の支払準備として確保しておけば、残りの資金は運用に回すことができるからです。融資した資金は借入者の預金残高に転換されます。その一部は引き出されるにしても、残額について金融機関は一定割合を支払準備として確保して、再び融資に回すことができます。

　また、引き出された資金も多くは他の金融機関の預金残高に転換され、その金融機関においても新たな融資の資金として運用されることになります。こうした過程を通じて、当初受け入れた預金金額の数倍の預金通貨が創出されることを信用の乗数的拡張といいます。

■■ 貸出と融資、利子と利息、投資と投機

　貸出という言葉は、融資（loan）と同義で、貸出と融資という言葉は互換的に使用されます。融資などの与信行為をする見返りとして取引先から受け取るのが利子、配当といった果実です。この果実は、ミカンやリンゴなどの天然果実に対して法定果実と呼ばれます。法定果実とは、物（融資の場合は元金（がんきん））の使用の対価として受ける金銭その他の物を指

します。建物の賃貸料なども法定果実です。利子（利息）という法定果実が金融機関にとっては収益（income）となります。したがって、融資とは「利子の取得を目的として資本を投下する行為」であるともいえます。

インカムの取得を目的として資本を投下する行為を投資（investment）といいます。これに対して、キャピタルゲイン（capital gain：資本利得＝資産の売却・交換から生じた利益）を目的とする売買行為、つまり元本価格の時間的変動を利して、その差額（キャピタルゲイン）を獲得することを目的とする売買取引を投機（speculation）といいます。株式の配当金はインカムで、株価の上昇による売買益はキャピタルゲインです。未上場企業に資本を投下して、上場によるキャピタルゲインを狙うのがベンチャーキャピタルです。ただし、一般的には「株式投資」などのように、投機を含めて投資という語を用いることは多々あります。

■■ 利息と利率

当初の融資金額を元金（がんきん）または元本（がんぽん）といいます。元金1億円を金利5％で融資すれば、年間5百万円の利息（利子）というインカムを金融機関は受け取ることになります。元金に対する利息・配当金などのインカムの割合を利回りといいます。

$$\text{利回り（\%）} = \frac{\text{利息・配当金}}{\text{元金}} \times 100$$

この場合の貸出金利回りは5％（5百万円÷1億円×100）になります。

利息（利子）は貨幣の使用料ですから金額です。利率は元本に対する利子の割合です。金利は金額と割合のどちらも指します。利息は金額なので増減で、利率は割合なので高低です。したがって、「利息が増える」

とはいっても、「利率が増える」とはいいません。

前述のように、この5百万円は金融機関にとって収益ですが、通常、金融機関では売値である融資金利(運用金利・貸出金利回り)と仕入値である預金金利(調達金利・預金利回り)との差である利鞘という概念で収益性を判断します。たとえば、貸出金利回りが3%、預金利回りが1%ならば、利鞘は2%になります。

利鞘＝貸出金利回り－預金利回り＝3%－1%＝2%

利鞘はラフに表現すると、小売業における売値と買値(仕入値)との差である粗利益率にあたります。元金1億円で利鞘が2%であれば、年間利息2百万円が金融機関の利益になります。もしこの元金1億円が不良資産となった場合、これをカバーするためには50億円(＝1億円÷2%)の新たな元金が必要になるということです。

2. 企業が融資を必要とするわけ

■■ 間接金融と直接金融

事業を展開していく上で、支出する資金が不足する時、企業は金融機関に融資を申し込むことになります[*1]。お金がない企業や人にお金を貸すというリスキーな行為が融資ですが、そもそも企業経営自体がリスクをとって利益を求めるという精神に基づいています。「寝ている限りは転ばない」といいますが、あえて立ち上がって行動するのが企業経営です。

金融機関の機能は、預金者に代わってリスクを負担して融資をすることで、これを金融仲介機能といいます。金融機関を通して資金が間接的に融通されることを間接金融といいます。これに対して、企業・個人が

企業の株や社債を購入して、自らリスクを負担するのが直接金融です。

> ＊1　融資は資金不足の相手にお金を貸すのが一般的だが、お金や預金はあっても、何らかの理由で今は使いたくないという場合に発生する融資もある。

■ 資金使途と返済財源

　営業で街を歩いていると、いきなり融資の申込を受けることがあります。

　「あっ、○○（金融機関名）さん、お金貸してくれない？　500万でいいんだけど」と、こんな感じです。もちろん、こんなラフな人ばかりではありませんが、新人はこういう直截的なアプローチに弱く、しどろもどろになってしまうことが多いものです。印鑑証明書は何通いるのだろうか、保証人はどうするのだろう、担保は……といった感じで硬直してしまうのです。

　金融機関では部下の指導に際して、「積極的に融資案件にぶつかれ」という上司がいますが、必要最低限の指導もしないでそういうのは乱暴だと思います。新人にしてみれば、対応方法がわからないから自信が持てないのであって、ただ「積極的に行け」といわれても立つ瀬がありません。

　私は、新人に対しては、融資の申込を受けたら、資金使途と返済財源（返済方法）だけ聞いてくるように指示していました。「何に使って、どうやって返すのか」ということです。最低限、これだけの情報があれば、上司も次の指示ができます。

　資金使途は「工場を建てる」「機械を買う」「商品を仕入れる」「従業員に賞与を支払う」などさまざまですが、「麻薬を買う」「拳銃を買う」といった資金使途はダメです。公の秩序（国家社会の一般的利益）、善良の風俗（社会の一般的道徳観念）、つまり公序良俗に反する行為に必要な資金は融資できません。

第13章　融資とは　207

> **質疑応答**
>
> Q：融資はどうやって返してもらうのですか。もし返してもらえなかった時にはどうなるのか、などわからないことがたくさんあります。
> A：融資は債務者の口座に振り込む形で実行し、口座から引き落として返済してもらいます。返済する時にお客様が現金を持ち込むこともありますが、その場合でも口座に入金してから融資金に充当します（振替といいます）。一般的には現金が動くわけではありません。また、返してもらえなかった時は、保証人に請求したり、担保権を実行して資金を回収します。ただし、時間がかり、非常に面倒な仕事になります。

3. 企業分析の目的は倒産する企業への融資を避けること

　倒産とは、企業が支払能力を喪失した状態に陥ること、負債を支払う資金力を喪失した状態になることです。会社更生法、民事再生法、破産、特別清算の手続きを企業が開始する法的整理と、企業が手形(*2)、小切手の不渡りを出して銀行取引停止処分を受け、事業を継続できなくなる任意的整理を指して倒産といいます。

　銀行取引停止処分を受けると、融資を受けることはできなくなりますし、借入金はすべて返済しなければならなくなります（金融機関から返済を要求されます）。当座預金取引(*3)ができなくなるので、手形・小切手（巻末の付録4に券面のモデル例を載せました）を振り出すこともできなくなります。入金も出金もすべて現金取引であれば事業を継続することもできますが、もともと資金が不足するから不渡りを出すわけで、現実的には不可能です。銀行取引停止処分といっても、もちろん信用金庫や信用組合も含まれます。つまり、あらゆる金融機関から取引を拒絶されるわけです。

　企業分析の目的は、第一義的には倒産する企業への融資を避けること

です。そして、そのためには企業の支払能力（返済能力）を見極める必要があるのです。

＊2　手形（約束手形）
　　一定の金額の支払を目的とする有価証券。約束手形と為替手形の2種類があるが、日本国内で流通する手形の大半が約束手形（約手）である。約束手形は、振出人が受取人またはその指図人もしくは手形所持人に対して、一定の期日に一定の金額の支払を目的とする有価証券である。また、約定通りに支払われなかった（決済されなかった）手形が不渡手形で、手形が決済されることを「手形が落ちる」という。6ヵ月以内に2回、不渡りを出すと上記の銀行取引停止処分となる。

＊3　当座預金
　　手形・小切手取引を行うためには、金融機関に当座預金という専用口座を開設する必要がある。口座開設にあたっては、金融機関は過去の銀行取引停止処分の有無や事業の実態など申込者の信用調査を行う。

> **質疑応答**
>
> Q：銀行取引停止処分というのは不渡りを出した口座のある金融機関だけでなく、すべてのメガバンクや信用金庫での取引ができなくなるのですか？
> A：少し違います。不渡りを出した手形交換所に参加するすべての金融機関から、当座預金取引および貸出取引を停止されます。

第14章
融資の分類と基本原則

1. 資金使途等による分類

■ 運転資金融資

　融資は資金使途によって運転資金融資と設備資金融資に大別されます。運転資金とは、企業が事業を日常的に継続していくために必要となる資金で、商品の仕入や人件費の支払などの経常的費用に充てられる資金です。代表的な運転資金が経常運転資金ですが、資金使途などによって賞与資金、季節資金、決算資金などに分けられます。

❶ 経常運転資金

　第3章でも述べましたが、経常運転資金は営業活動を継続していくために必要とする運転資金で、その所要額は次の算式で計算されます。

経常運転資金所要額＝売上債権＋棚卸資産－買入債務

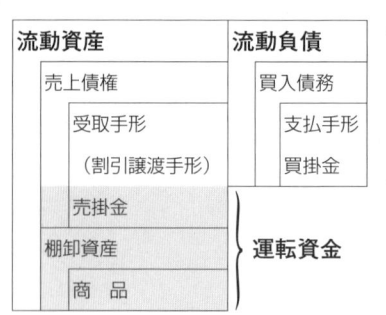

流動資産		流動負債	
売上債権		買入債務	
	受取手形		支払手形
	（割引譲渡手形）		買掛金
	売掛金		
棚卸資産		運転資金	
	商品		

・商品を仕入れたものの在庫や売掛金等でお金が入ってこない期間のほうが、仕入代金の支払を待ってもらっている期間よりも長い。

・入ってくるのを待っている額（売上債権）のほうが、支払を待ってもらっている額よりも大きいので、その差額のお金が必要ということ。

　売上債権は、貸借対照表上の科目名で表すと受取手形と売掛金です。

棚卸資産は商品や製品、原材料などです。買入債務は支払手形と買掛金です。

簡単にいえば、現金化するのを待っている額（売上債権＋棚卸資産）が、現金支出（支払）を待ってもらっている額の差額だけ、資金が必要になるという考え方です。

❷ 季節資金

売上が季節によって大きく変動する業種の場合、季節性の強い商品を備蓄するための仕入資金や、製造業なら増産資金が必要になります。これが季節資金です。夏物・冬物の入れ替えがある衣服の小売業などには季節資金需要があります。その他、新入社員・新入生が誕生する直前の３月には、スーツ、バッグ、靴、などの需要が増えますし、クリスマスやバレンタインデーは菓子業界にとっては大きなイベントです（某菓子メーカーの不祥事公表が遅れたのも、営業成績への影響を最小限にするため、クリスマス商戦を乗り切ってからと考えたためといわれています）。

短期間で回収される性質の資金で、季節物の商戦が終わった後にその売上で一括返済されることが多いため、季節資金融資は一般的には手形貸付（後述217ページ）の形式で融資します。

❸ 決算資金

企業（法人）が利益を計上すると、決算日以降２ヵ月以内に、法人税、法人住民税、事業税を納付することになります。また、株主に対する配当金や役員賞与も支払う必要があります（配当政策や企業の方針によっては支払わない場合もあります）。これらの資金需要に応えるのが決算資金融資です。利益を計上していながら、納税資金が不足するのは奇異に感じるかもしれませんが、これは、財務分析編で述べた損益計算と資金収支の違いによって、利益がそのまま現金預金とはならないためです。

法人税は、資本金や所得金額の大きさによって異なりますが、利益の

22～30％程度になります。法人住民税などの地方税を含めると、当期純利益の40％程度（実効税率）が納税額として推定できます。これは融資営業を行う際のテクニックで、融資を実行する場合はもちろん税務申告書で納税額を確認します。

❹ 賞与資金

賞与資金融資は文字通り、従業員と役員の賞与を支給するために発生する融資です。一般的には6月（7月）、12月に資金需要が生じ、次期の賞与支給時までに分割で返済される短期の融資です。従業員の賞与資金の所要額は次の式で把握できます。

賞与資金所要額＝1人当り平均給与月額×支給月数×従業員数

この式で算出した賞与資金所要額は、融資営業をする際にも使えますし、企業から賞与資金融資の申込があった場合に、申込金額の妥当性を検討する際にも使います。

■■ 設備資金融資

設備資金とは、企業が経営上必要となる事業設備に投資することに伴って生じる資金需要をいいます。設備とは、企業が自ら使用する目的で保有する土地、建物、構築物、機械装置、車両運搬具などです。構築物とは、煙突、門塀、舗装、軌道、ドック、橋など、土地に定着したもので、建物以外の土木設備または工作物のことです。

具体的には、工場、社屋、事務所、店舗などの他、ゴルフ場やホテルなどの営業用設備、従業員寮などと、建物の建設用の土地、機械、営業用車両の購入（建設）にかかる費用に対する融資が設備資金です。貸借対照表でいえば「借方の有形固定資産」の取得に伴って生じる資金が設備資金です。

■ 肩代り融資

　運転資金、設備資金という分類は、資金使途から見た分類ですが、肩代り融資は金融機関の融資目的から見た定義で、概念としては質的に異なります。

　「肩代り」とは、金融機関が新たに融資をして、その資金で企業が他の金融機関から借りている資金を返済させることです。その融資を肩代り融資、あるいは単に肩代りといいます。

　優良企業に対しては、どの金融機関も融資シェアを高めたいと考えますから、肩代り融資のアプローチは頻繁に行われます。企業が長期で借りている資金の残存期間（最終返済期日までの期間）が1～2年と短くなっているものについて、既存の金利よりも低い短期の金利を提示して、肩代りを仕掛けるというのがよくあるアプローチです。

　もっとも、相手側の金融機関も金利を下げて対抗しますから、簡単にはいきません。企業側に、借り替えてもよいという、インセンティブがあることが肩代り融資の成功要因となります。

2. 融資の基本原則（5原則）

　第13章で、公序良俗に反する資金の融資はダメと述べましたが、金融機関および担当者には、融資を行うにあたって判断の基準とするべき根本原則があります。安全性、収益性、公共性、成長性、流動性の5つで、これを「融資の5原則」ともいいます。

■ 安全性の原則

　安全性とは、融資した資金が期日に必ず回収できるということです。5原則のなかで最も重要なもので、借入申込者の支払能力、融資金額・

資金使途の妥当性などを十分に検討することが必要です。安全性を無視した融資をすると不良債権が増えて、最悪の場合、預金者へ預金の支払ができなくなります。融資する元金は顧客から預った資金だということを忘れてはいけません。

　安全性を高めるために、個々の借入申込者の支払能力などの審査だけでなく、融資金が特定の業種や企業に偏らないように分散を図ります。集中は危険だからです。「ひとつのかごにすべてのタマゴを盛るな」という分散投資の原則が、リスク管理の基本です。

■■ 収益性の原則

　収益性とは、採算を十分考慮して融資を行うことです。融資案件自体の収益性と、融資先がその収益性を維持できるかという２つの側面から判断する必要があります。金融機関は基本的に預金の形で資金を調達し、その利息を支払います。融資から得る収益（利息）はこの預金利息を上回ることはもちろん、さらに営業経費までをカバーする収益を確保することが必要です。適正な利益を確保して経営の健全性を高めることは、次に述べる金融機関の公共性の観点からも必要なことです。信用金庫のような非営利組織でも、組織を維持するため（組織の使命を果たすため）には適正な利益を上げる必要があります。

■■ 公共性の原則

　信用創造機能を有する金融機関は、社会的・経済的に大きな影響力を有しています。そのため、融資が社会の健全な発展と安定に寄与するかどうかを配慮しつつ行動する必要があります。したがって、資金使途のところで述べたように、公共の福祉や公序良俗に反する個人や企業への融資はできません。また、投機的な資金や奢侈（しゃし）（度を越えたぜいたく）

をあおる資金の融資もできません。

成長性の原則

金融機関の融資は、企業の成長に役立つとともに、金融機関自身の成長にもつながることが必要であるという原則です。融資した資金が融資先の成長発展に役立つことで、発展性の原則ともいいます。そもそも成長力のない企業に対する融資は不良債権化しやすいもので、債権保全上も成長性の原則は重要です。

流動性の原則

融資は固定化することを避け、短期間に返済される手形割引、手形貸付を主にすべきであるという原則です。金融機関の資金調達の大半は、短期の預金（大半は１年以内の期間の預金です）で行われているため、長期の融資による資金運用が増加すると資産の固定化につながり安全性の面で好ましくないからです。ただ、短期調達・短期運用ばかりだと、利鞘が十分に確保できないというディレンマはあります。

> **質疑応答**
>
> Q：成長性の原則から考えたのですが、マーケティング編に出てきた「製品のライフサイクル」が成熟期、あるいは衰退期に入ると利益があまり出ない企業も存在すると思います。その場合、融資はどうなるのでしょうか。
> A：原則はあくまで原則で、成長性が高い企業に融資することが望ましいのは事実ですが、成熟期や衰退期の企業にまったく融資しないわけではありません。避けなければいけないのは、悪い企業に対して悪いとわからずに融資してしまうことです。また内容が悪い企業であっても、救済するために融資するということはあります。悪い企業を悪いとわかって融資するのと、わからずに融資するのでは、同じ融資金でもその意味が違います。

> Q：公共性の原則について、公共性というのは何か明確な基準で判断されるのでしょうか。他の原則は財務諸表などから判断ができるようにも思いますが。
> A：融資の5原則は、個々に見れば相互に矛盾する側面があります。流動性の原則のところで述べたディレンマもそうですし、安全性を過度に追求すれば、そもそもリスクを取って利益を求めるという企業経営の精神と矛盾してしまいます。融資の基本原則は、個々の融資案件について逐一厳密に適用するものではなく、金融機関と金融機関の職員の精神的な規範といった性格のものだと理解してください。

3. 貸出の形態による分類

■ 手形割引

　取引先が商取引に基づいて受け取った商業手形を、金融機関が買い取ることによって融資を行う方法を「手形割引」といいます。

　手形の受取人は手形の支払期日にならなければ手形を現金にすることはできませんが、この手形割引により支払期日前に現金を手にすることが可能になります。手形割引は経常運転資金の一般的な調達手段でしたが、近年は、企業間の手形取引が減少傾向にあるため、手形割引のウエイトも低下傾向にあります。

　金融機関は、手形の期日（満期日・支払期日）までの金利分を割り引いた額（手形割引料）で手形を買い取ります。手形割引料は以下のように計算されます。

$$手形割引料 = 手形額面金額 \times \frac{日数}{365日} \times 手形割引レート（年率）$$

　たとえば、手形額面金額が1,000,000円、満期日までの期間90日（3ヵ月）、手形割引レート3％の場合、手形割引料は7,397円となります。

$$1,000,000円 \times \frac{90}{365} \times 3\% = 7,397円$$

　手形割引は、割引手形、商業手形割引、商手割引ともいいます。略称は「割手」です（「手割」とはいいません）。手形割引の法的性質は手形の売買（取引先＝手形割引申込者が売り手で、金融機関が買い手）ですから、取引先が支払う手形割引料は損益計算書に費用として手形売却損と表記して計上されます。

　金融機関は支払期日に支払銀行に手形を呈示して額面で支払いを受けます。この結果、金融機関の債権である手形割引は回収されます。問題はこの手形が不渡りになった時です。手形が不渡りになると、金融機関は買戻請求権に基づいて、割引依頼人に不渡手形の買戻しを請求します。買戻しは即日買戻しが原則で、遅れた場合は翌日から買戻日までの遅延割引料が発生します。割引依頼人は金融機関から不渡手形を買戻した後、振出人に請求することになりますが、そもそも決済能力がないから不渡りになるのであって、その回収は容易ではありません。

手形貸付

　取引先から金融機関を受取人とする約束手形を差し入れてもらって融資する方法を「手形貸付」といいます。

　受取人である金融機関名は最初から手形に印刷されており、借り主だけが署名・捺印するので「単名手形」といいます。同僚に冗談で「短期の融資に使うから、短命手形という」といったら、「そうなのか」と真に受けてしまったので、あわてて取り消したことがあります。短期（1年以内）の融資に使われる方法で、「手貸」と略します。利息は割手と同じく前払いで、融資額から利息を差し引いた金額が口座に入金されます。

つなぎ資金としての融資が手貸の典型的な例です。たとえば、建設業で工事が完成すれば元請けから工事代金がもらえるが、経費や職人への支払が先行するために融資を受けたいといった場合です。ソフトウェア開発などの業種にもよく発生するパターンです。

∷ 証書貸付

取引先に借用証書（金銭消費貸借証書）を差し入れてもらって融資する方法を「証書貸付」といいます。長期、すなわち融資期間が1年超の融資や住宅ローンなどの消費者ローンに使われます。略称は「証貸」です。

証書には借入額、弁済期、利率（金利）などの融資条件が記載されます。金融機関の融資形態の中心は、この証書貸付です。

∷ 当座貸越

当座預金の口座を持つ者に残高がない場合でも、極度額という一定の限度額まで払い出しに応じる契約で融資する方法を「当座貸越」といいます。「当貸」と略します。

∷ 支払承諾

金融機関が直接資金を出して融資するのではなく、取引先の債務の保証をすることを「支払承諾」といい、「支承」と略します。支払承諾は、取引先が債務を履行できない場合、つまり支払不能に陥った場合、金融機関が代わって支払うことを承諾するという意味です（信用金庫の決算書では「債務保証」と表記されますが、「債保」とはいわないようです）。万一の場合は、金融機関が取引先に代わって支払わなければならないので、融資と同様の慎重さが求められます。

付　録

◆付録1　株主資本等変動計算書の例

（平成X0年6月1日から平成X1年5月31日まで）　　　　　　　　　（単位：百万円）

項　目	株主資本								評価・換算差額等
^	資本金	資本剰余金		利益剰余金			自己株式	株主資本合計	その他有価証券評価差額金
^	^	資本準備金	その他資本剰余金	利益準備金	その他利益剰余金		^	^	^
^	^	^	^	^	別途積立金	繰越利益剰余金	^	^	^
前期末残高	6,322	6,279	52	689	5,300	9,523	▲1,566	26,601	93
当期変動額									
第三者割当による新株の発行	5,355	5,355						10,710	
新株予約権付社債の新株予約権の行使による新株の発行	4,425	4,425						8,851	
転換社債の株式への転換による新株の発行	2,720	2,718						5,438	
別途積立金の積立					300	▲300		－	
剰余金の配当						▲343		▲343	
役員賞与の支給						▲36		▲36	
当期純利益						2,360		2,360	
旧商法第210条に基づく自己株式の取得							▲3,399	▲3,399	
旧商法第211条ノ3第1項第2号に基づく自己株式の取得							▲2,712	▲2,712	
単元未満株式の買取による自己株式の取得							▲20	▲20	
自己株式の消却			▲52			▲4,248	4,300	－	
株主資本以外の項目の当期変動額（純額）									66
当期変動額合計	12,501	12,498	▲52	－	300	▲2,568	▲1,832	20,847	66
当期末残高	18,824	18,778	－	689	5,600	6,955	▲3,398	47,448	160

◆付録2　個別注記表の例

1. 記載金額は表示単位未満を切り捨てて表示しております。

2. 重要な会計方針に係る事項に関する注記
   (1) 有価証券の評価基準及び評価方法
   　　　その他有価証券… 時価のあるもの
   　　　　　　　　　　　　期末日の市場価格等に基づく時価法
   　　　　　　　　　　　　　（評価差額は、全部資本直入法により処理し、売却原価は移動平均法により算定）
   　　　　　　　　　　　時価のないもの
   　　　　　　　　　　　　移動平均法による原価法
   (2) 棚卸資産の評価基準及び評価方法
   　　　商品、原材料、貯蔵品並びに半導体事業部の製品及び仕掛品は、月別総平均法に基づく原価法によっております。また、エンジニアリング事業部の仕掛品は、個別法に基づく原価法によっております。
   (3) 固定資産の減価償却の方法
   　　　有形固定資産… 定率法
   　　　　　　　　　　　ただし、平成10年4月1日以降に取得した建物（建物附属設備は除く）については、定額法を採用しております。
   　　　　　　　　　　　（耐用年数の変更）
   　　　　　　　　　　　当社は、近年における半導体産業の急速な技術革新に対応するため、半導体材料加工部門の機械装置の耐用年数を7年から5年に、また、一部の最先端加工関連機械装置の耐用年数を7年から4年に変更しております。
   　　　　　　　　　　　この変更に伴い、従来と同一の耐用年数によった場合に比べ、減価償却費が1,160百万円増加し、営業利益、経常利益及び税引前当期純利益がそれぞれ1,150百万円減少しております。
   　　　無形固定資産… 定額法
   　　　　　　　　　　　ただし、自社利用のソフトウェアについては、社内における利用可能期間（5年）に基づく定額法を採用しております。
   (4) 繰延資産の処理方法
   　　　新株発行費は、支出時に全額費用として処理しております。
   (5) 引当金の計上基準
   　　　貸倒引当金… 債権の貸倒れによる損失に備えるため、一般債権については貸倒実績率により、貸倒懸念債権等特定の債権については個別に回収可能性を検討し、回収不能見込額を計上しております。
   　　　役員賞与引当金… 役員に対する賞与の支払に備えて、役員賞与支給見込額のうち当事業年度負担額を計上しております。
   　　　退職給付引当金… 従業員の退職給付に備えるため、当事業年度末における退職給付債務及び年金資産の見込額に基づき、当事業年度末において発生していると認められる額を計上してお

　　　　　　　ります。
　　　　　　　数理計算上の差異は、発生年度に一括処理しております。
　　　　　役員退職慰労引当金…役員の退職慰労金の支出に備えるため、内規に基づく期末要支給額を計上しております。
　(6) リース取引の処理方法
　　　　リース物件の所有権が、借主に移転すると認められるもの以外のファイナンス・リース取引については、通常の賃貸借取引に係る方法に準じた会計処理によっております。
　(7) 消費税等の会計処理の方法
　　　　税抜方式によっております。

会計処理方法の変更
　　(固定資産の減損に係る会計基準)
　　　当事業年度により固定資産の減損に係る会計基準(「固定資産の減損に係る会計基準の設定に関する意見書」(企業会計審議会　平成14年8月9日))及び「固定資産の減損に係る会計基準の適用指針」(企業会計基準適用指針第6号　平成15年10月31日)を適用しております。
　　　これにより税引前当期純利益が116百万円減少しております。
　　　なお、減損損失累計額については、各資産の金額から直接控除しております。
　　(役員賞与に関する会計基準)
　　　役員賞与については、従来利益処分により株主総会の決議を経て利益剰余金の減少としておりましたが、当事業年度より「役員賞与に関する会計基準」(企業会計基準第4号　平成17年11月29日)に基づき、発生時に費用処理しております。
　　　この変更に伴い、従来の方法に比べ、営業利益、経常利益及び税引前当期純利益がそれぞれ41百万円減少しております。
　　(貸借対照表の純資産の部の表示に関する会計基準)
　　　当事業年度より、「貸借対照表の純資産の部の表示に関する会計基準」(企業会計基準第5号　平成17年12月9日)及び「貸借対照表の純資産の部の表示に関する会計基準の適用指針」(企業会計基準適用指針第8号　平成17年12月9日)を適用しております。
　　　なお、従来の資本の部の合計に相当する金額は47,609百万円であります。

3．貸借対照表等に関する注記
　(1) 担保に供している資産
　　　　投資その他の資産のうち、投資有価証券41百万円を営業保証の担保に提供しております。
　(2) 有形固定資産の減価償却累計額　　　　　　　　36,169百万円
　(3) 関係会社に対する金銭債権・債務
　　　　　　短期金銭債権　　　　　　　　　　　　　　6,921百万円
　　　　　　短期金銭債務　　　　　　　　　　　　　　　　24百万円
　(4) 国庫補助金による固定資産圧縮記帳額
　　　　　　建　　　物　　　　　　　　　　　　　　　　34百万円

4．損益計算書に関する注記
　　　関係会社との営業取引

売　上　高		15,451 百万円
仕　入　高		47 百万円

5．株主資本等変動計算書に関する注記
（1）発行済株式の種類及び総数に関する事項

株式の種類	前事業年度末	当期増加株式数	当期減少株式数	当事業年度末
普通株式	21,533,779 株	16,983,237 株	3,019,833 株	35,497,183 株

　（注）　1．当期増加の概要
　　　　　　　第三者割当による新株の発行　　　　　　　　　　　　　　7,000,000 株
　　　　　　　新株予約権付社債の新株予約権の行使による新株の発行　　6,276,764 株
　　　　　　　転換社債の株式への転換による新株の発行　　　　　　　　3,706,473 株
　　　　　2．当期減少の概要
　　　　　　　自己株式の消却　　　　　　　　　　　　　　　　　　　　3,019,833 株

（2）　自己株式の種類及び株式数に関する事項

株式の種類	前事業年度末	当期増加株式数	当期減少株式数	当事業年度末
普通株式	1,302,651 株	3,726,084 株	3,019,833 株	2,008,902 株

　（注）　1．当期増加の概要
　　　　　　　旧商法第210条に基づく自己株式の取得　　　　　　　　　1,999,600 株
　　　　　　　旧商法第211条ノ3第1項第2号に基づく自己株式の取得　 1,717,100 株
　　　　　　　単元未満株式の買取による自己株式の取得　　　　　　　　　　9,384 株
　　　　　2．当期減少の概要
　　　　　　　自己株式の消却　　　　　　　　　　　　　　　　　　　　3,019,833 株

（3）当該事業年度中に行った剰余金の配当に関する事項
　　　平成X0年8月30日の定時株主総会において、次のとおり決議しております。
　　　　　配当金の総額　　　　　　　　　　　　343 百万円
　　　　　1株当たり配当額　　　　　　　　　　　17 円
　　　　　基準日　　　　　　　　　　　平成X0年5月31日
　　　　　効力発生日　　　　　　　　　平成X0年8月31日

（4）当該事業年度の末日後に行う剰余金の配当に関する事項
　　　平成X1年8月30日開催の定時株主総会において、付議する予定であります。
　　　　　配当金の総額　　　　　　　　　　　　569 百万円
　　　　　配当の原資　　　　　　　　　　　　　利益剰余金
　　　　　1株当たり配当額　　　　　　　　　　　17 円
　　　　　基準日　　　　　　　　　　　平成X1年5月31日
　　　　　効力発生日　　　　　　　　　平成X1年8月30日

6．税効果会計に関する注記
　　繰延税金資産の発生の主な原因別の内訳
　　　①　流動資産の部
　　　　　繰延税金資産
　　　　　　未払賞与否認　　　　　　　　　　　　248 百万円
　　　　　　未払事業税否認　　　　　　　　　　　120
　　　　　　その他　　　　　　　　　　　　　　　163
　　　　　繰延税金資産合計　　　　　　　　　　　532

繰延税金負債		4
繰延税金資産の純額		528

② 固定資産の部
　　繰延税金資産
　　　　退職給付引当金繰入限度超過額　　340 百万円
　　　　減価償却費限度超過額　　　　　　256
　　　　固定資産除却損否認　　　　　　　242
　　　　その他　　　　　　　　　　　　　266
　　繰延税金資産合計　　　　　　　　　1,106
　　繰延税金負債
　　　　その他有価証券評価差額金　　　　108
　　繰延税金資産の純額　　　　　　　　　997

7．リースにより使用する固定資産に関する注記
　　　リース物件の所有権が借主に移転すると認められるもの以外のファイナンス・リース取引
　(1) リース物件の取得価額相当額、減価償却累計額相当額及び期末残高相当額

	機械装置	工具器具備品	合計
取得価額相当額	5,451 百万円	143 百万円	5,594 百万円
減価償却累計額相当額	1,277	90	1,368
期末残高相当額	4,173	52	4,226

　(2) 未経過リース料期末残高相当額
　　　　1年以内　　　　　　　　　　　3,313 百万円
　　　　1年超　　　　　　　　　　　　　185
　　　　合計　　　　　　　　　　　　　3,498
　(3) 支払リース料、減価償却費相当額及び支払利息相当額
　　　　支払リース料　　　　　　　　　920 百万円
　　　　減価償却費相当額　　　　　　　817
　　　　支払利息相当額　　　　　　　　102
　(4) 減価償却費相当額の算定方法
　　　リース期間を耐用年数とし、残存価額を零とする定額法によっております。
　(5) 利息相当額の算定方法
　　　リース料総額とリース物件の取得価額相当額の差額を利息相当額とし、各期への配分方法については、利息法によっております。

8．1株当たり情報に関する注記
　　　1株当たり純資産額　　　　　　1,421円67銭
　　　1株当たり当期純利益　　　　　　84円81銭

9．重要な後発事象に関する注記
　　　該当事項はありません。

付録1・2出所：通信講座「財務基礎コース」（経済法令研究会）

◆付録3 製造原価の算出の仕組みと製造原価報告書の例

売上原価

【販売業の場合】			【製造業の場合】		
売上原価			売上原価		
期首商品棚卸高	×××		期首製品棚卸高	×××	
当期商品仕入高	**×××**		**当期製品製造原価**	**×××**	
合 計	×××		合 計	×××	
期末商品棚卸高	×××	×××	期末製品棚卸高	×××	×××

製造原価報告書
自平成X年X月X日
至平成X年X月X日

Ⅰ	材料費		
	期首材料棚卸高	50,706	
	当期材料仕入高	810,229	
	合 計	860,935	
	期末材料棚卸高	37,777	823,158
Ⅱ	労務費		
	給料手当	133,665	
	福利厚生費	12,670	146,335
Ⅲ	製造経費		
	外注費	8,254	
	電力費	3,078	
	ガス水道費	3,422	
	運賃	7,267	
	減価償却費	12,116	
	修繕費	3,412	
	租税公課	5,697	
	不動産賃借料	2,400	
	保険料	877	
	旅費交通費	5,262	
	通信費	1,728	
	雑費	1,806	55,319
	当期総製造費用		1,024,812
	期首仕掛品棚卸高		12,678
	合 計		1,037,490
	期末仕掛品棚卸高		13,684
	当期製品製造原価		1,023,806

【材料費】 → 【製品製造原価】 → 【売上原価】

製造原価報告書 | 損益計算書

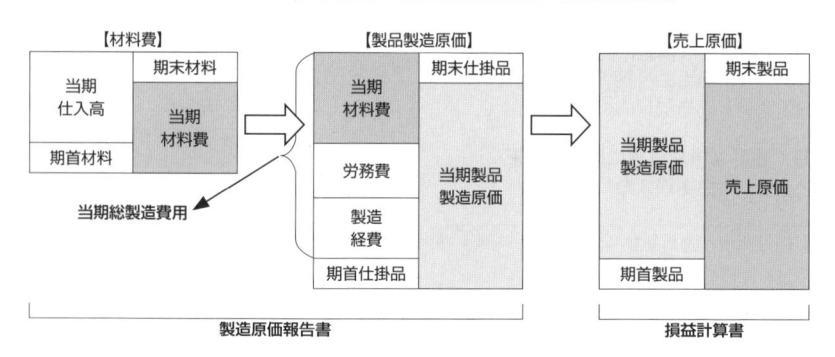

◆付録4　約束手形・小切手の例

（約束手形）

```
No._____  約 束 手 形 No._____                     東京 0000
         中国産業株式会社 殿      支払期日 平成○年3月31日  0000-000
収入  金額
印紙  ￥1,500,000※          支払地  東京都新宿区
     上記金額をあなたまたはあなたの指図人へこの約束  支払場所
     手形と引替えにお支払いいたします              株式
                                            会社 東西銀行四谷支店
     平成○年 2月 10日
     振出地  東京都台東区三ノ輪町2-8
     住 所  東北商事株式会社
     振出人  代表取締役 東山一郎㊞
```

（小切手）

```
     No. AA01234      小 切 手                    東京 0000
                                                 0000-000
     支払地  東京都新宿区四谷1-1-1
     株式
     会社 東西銀行四谷支店
     金額
     ￥1,500,000※
     上記の金額をこの小切手と引替えに
     持参人へお支払いください
          拒絶証書不要
     平成○年 2月 10日      関東貿易株式会社
     東京都新宿区  振出人  代表取締役 西野二郎㊞
```

付録4出所：通信講座「法務基本解説コース」（経済法令研究会）

◆付録5　学生の方の質問から

　講義において学生の方から寄せられた質問と答のうちから、興味深いものを中心に列挙しました。

《財務分析編》

Q： 決算書は会社に入って何年くらいですらすら読めるようになるのですか。
A： 会社とは、金融機関という前提でお答えしますが、当然これは個人差があります。実務経験を積みながら（営業や融資の仕事に就いて、決算書に触れながら）、集中的に勉強すれば半年程度で相当のレベルに達すると思います。実務経験がなくても（つまり学生の皆さんでも）、1年間集中して勉強すれば金融機関の普通の若手職員並みかそれを上回るレベルに達すると思います。学生の皆さんが考えるほど、金融機関の人間が財務分析に精通しているわけではありません（そのことにコンプレックスを持っている人もいます）。

Q： 数字が苦手な人は金融業界への就職は避けたほうがいいのでしょうか。
A： 気にすることはないと思います。私も数学が嫌いで（高校の時、赤点を取って、複数の大学に合格していながら、あやうく留年しそうになりました）、数字を使う金融機関には入りたくなかったのですが、入ってみると別に心配することはありませんでした。四則演算ができれば十分です。ただし、証券アナリストの資格を目指すなら、数学・統計学を身に付ける必要があります。私はマーケティングを自分の専門とする過程で、数学・統計学の必要性を覚え、証券アナリストを取ることで数学・統計学を克服しました。

Q： 簿記は1級を取ってやっと使える資格であるということを耳にしたことがあります。実際のところ、2級では金融機関では役に立たないものなのでしょうか。
A： 私は簿記を勉強したことがないので、その辺の機微はわかりませんが、金融機関に勤務して融資を担当している分には、簿記は3級も必要ないと思います。第1章に掲載した演習程度の知識があれば充分です。簿記を「何のために使うか」という目的との関係で必要とされる簿記のレベルが決まってくるのだと思います。弁護士・公認会計士・通訳の資格を持つ「資格三冠王」の黒川康正氏は、公認会計士試験を受ける前に事前準備として簿記1級を取ったそうです。

Q：倒産は、現金化できる資産の合計が、期日を迎える負債の合計を下回ってしまうこと、と認識してよいですか。
A：よいですが、厳密にはその場合で、それを補う資金調達ができなくなったときということです。

Q：黒字倒産のような事態を考慮して、現金を最重要視するのは少し不思議な感じがしました。
A：「黒字倒産のような事態を考慮して、現金を最重要視する」のではなく、現実である現金を最重要視しないと、安全性の原則を保てないのです。金融機関が恐れるのは企業の倒産ですが、企業は赤字では倒産しません。慢性的な赤字であっても資金

調達力がある限り（資金供給を受けられる限り）、企業は倒産しません（通常は赤字が続けば財務内容の悪化ということで、融資を受けられなくなり、倒産してしまいますが）。企業は支払能力を喪失した場合に倒産するのです。したがって、融資審査の基本は、企業の支払能力を見極めることにあるのです。そのための指標が（利益率等ではなく）経常収支などのキャッシュフローであるということです。

Q：実際に黒字倒産になった企業は多いのでしょうか。収入が見込めているのなら、それをひとつの保証として他の金融機関から借りればいいと思うのですが。
A：黒字倒産は大企業にもありますが、中小企業によく見られる現象であることは事実です。その理由としては、中小企業には粉飾決算が多いからで、表面上（損益計算書上）は利益を計上していても実態は赤字で、そのため資金繰りも苦しい企業が多いからです。架空の売掛金や在庫を計上して利益計上している企業も多く、（資産性がないため）「収益」が見込めないので、「それをひとつの保証」とすることができない場合が多いのです。

Q：黒字倒産とは、黒字であっても支払能力のない企業だということでしょうか。
A：その通りです。正確には財務諸表には黒字を計上していながら、支払能力を喪失して倒産した場合を黒字倒産といいます。

Q：「現金は事実、利益は見解の問題」ということですが、これは「主観で見るか、客観で見るか」の違いであると考えていいのでしょうか。
A：質問の意味がやや不明ですが、意を汲んで答えれば、「現金は客観的事実であるが、利益は企業の主観の問題である」ということになります。

Q：減価償却において、それぞれの資産の耐用年数を企業がどうやって定めるのか疑問に思いました。
A：耐用年数は、法人税法において資産の種類ごとに耐用年数が決められています。独自に耐用年数を定めることも可能ですが、中小企業の大半は法人税法における耐用年数を使用しています。

Q：損益計算書の中に売上総利益や営業利益などさまざまな利益が載っていますが、その会社の本業での強さを見るにはどれに注目するのですか。
A：営業利益です。

Q：企業の利益率は、公開しないものなのかと思っていました。
A：上場企業については、会社四季報にＲＯＡやＲＯＥなどが掲載されています。売上高と利益額も載っていますので、売上高利益率も計算できます。

Q：利益による分析は、キャッシュベースによる分析に比べて有用性が低いということでしょうか。
A：本来、企業は損益計算書上で利益を上げることを目的として活動するものです。企業活動が目的、目標に対して整合的で成果が上がっているのかいないのかを分析するという意味で、利益による分析、収益性分析は重要です。一方、企業は利益を追求しながら、同時にキャッシュフロー（資金繰り）の状態も健全に維持しておかなければなりません。そこにキャッシュフロー分析の意義があります。収益性分析と安全性分析は自転車の両輪のようなものです。ちなみに、企業が進む方向性を決定する自転車のハンドルが「戦略」であるといえます。

Q： 費用・収益と損益の違いは何ですか。
A：収益と費用を合わせて損益といいます。営業外収益と営業外費用を合わせて営業外損益といいます。

Q： 売上高利益率が高かったとしても、運用効率が悪く、総資産利益率が低かったり、流動比率が低いことがあるのというということでしょうか。
A： 前段についてはそのとおりです（88ページのＲＯＡの展開式を参照）。流動比率については、そもそも売上高利益率との間に因果関係がありません。

Q： ＲＯＡだけではなく、キャッシュフローで良好な企業を評価することもできますか。
A： できます。融資審査においては、支払能力を判断するためにキャッシュフロー（経常収支）を重視するというのが私のスタンスですが、同じくキャッシュフローを利用する Discounted Cash Flow Method（割引キャッシュフロー法）という手法は、企業評価（valuation）における代表的なものです。ただし、融資審査ではなく、証券アナリストによる理論株価の算定や、M&Aにおける企業の売買価額の算定などに利用される手法です。

Q： 売上高利益率が高い企業も絶対に総資産回転率を高く維持したほうが良いのですか。それとも何か回転率を低くすることにメリットがあるのですか。
A： ＲＯＡの観点からは総資産回転率を高めに維持したほうが良いのは明らかです。回転率を低くすることにメリットがあるかどうかというよりも、どのように資産構成をするかというテーマは、企業（経営者）の価値観の問題だと思います。

Q： 流動資産が流動負債より少ない企業は不健全企業ということですが、流動性だけで倒産しやすい企業であると判断してもよいものなのでしょうか。
A： それだけで判断すべきではありません。

Q：「財務諸表の分析」をテーマにした本は世の中にたくさんあると思うのですが、何が違っていて、どこで系統を判断するものなのでしょうか。作者の素性でしょうか。
A：そうした判断は、本の前書きや後書きを読んでアタリをつけると良いでしょう。作者の素性というかキャラクターももちろん判断材料になります。

Q： 流動比率など主要な指標の標準値がわからないので教えてください。
A：『中小企業の財務指標』（同友館）などを参照してください。なお、同書に載っているのはあくまで平均値で、平均値が標準値や最善値ではないことも講義で述べたとおりです。

Q： ＲＯＡなどの財務指標に融資判断の基準となる数値はあるのでしょうか、それとも業界平均によって判断するのでしょうか。
A： 基準となるような数値はありません。業界平均は考慮しますが、それだけで判断するわけではありません。時系列の推移なども考慮します。そもそも融資判断は総合的な検討を経て下されるもので、１つの指標だけで決定されるわけではありません。ただし、支払能力の欠如は、ネガティブな意味で、かなり影響力を有しています。

Q： 流動比率が何％をきったら、融資を断るのでしょうか。実際、流動比率はそこまで重視されることなのでしょうか。

A： 後の質問に先に答えればＮＯです。前述のように、融資判断は総合的な検討を経て下されるもので、１つの指標だけで決定されるわけではありません。

Q： スポンサー等が出す資金は自己資本に入れてもいいのでしょうか。
A： これは調達形態によります。増資に応じてもらったのならば資本ですし、融資を受けたのならば借入金です。

Q： 流動比率が高ければ高いほど支払能力が低いということでしょうか。またその場合、融資の際の資金使途、返済財源といった文字で表される情報と比べ、どちらが優先するのですか。
A： 一般的には流動比率が高ければ高いほど支払能力が高いとみなされますが、流動比率の有効性については、本文で述べた通りです。また、流動比率（などの財務指標）と「資金使途、返済財源といった文字で表される情報」とは、対応関係にないので、どちらが優先するかという問題ではありません。

Q： 利益率が低いから融資を断るということはあるのですか。
A： 収益性の低い企業に対する融資は慎重になるのは事実です。借入金依存度が高く、金利負担が大きい企業の場合、追加融資をすると金利負担がさらに大きくなり、経常損失になってしまうといった場合はお断りすることもあるでしょう。

Q： 比較資金移動表の作成の演習の際に、数字が細かく、本当に足し引きしたものがあっているのか確認するのも一苦労だと思いました。
A： 資金移動表は企業が作成するものではなく、金融機関が分析の一環として作成するものですから、確認するというより、間違わずに作成するべきものです。実務ではコンピュータで計算しますので、計算自体はまず間違えることはありません。個人的に作成する場合は、〈経常収支－固定収支＋財務収支〉が現金預金の増加額と一致しているかどうかが、チェックポイントです。それが合っていれば、中味の入り繰りはあるかもしれませんが、計算自体は合っているはずです。

Q： 回転差資金というカラクリが今ひとつ理解できませんでした。どうやって資金を産む仕組みなのでしょうか。
A： この質問には、別の方のコメントの引用でお答えします。「ユニクロが回転差資金を利用して拡大を図ったということですが、これはまさに資金の流入と流出の時間差を利用したマジックのようであるなと思いました」。売上金を運転資金と設備資金として利用し、買入債務は利用後に発生した売上金で支払うということです。

Q： 回転差資金を使うことは、企業にとってマイナスなのでしょうか。
A： 必ずしもマイナスということはありません。銀行借入に頼るか、回転差資金を利用するか、あるいは社債や増資に頼るかは、財務政策における企業の価値観の問題です。回転差資金を利用しているからといって、その企業への融資判断が厳しくなるわけではありません。ただ、その積極的な投資姿勢の内容については吟味されることになります。

Q： 企業間信用という言葉がありましたが、その信用というのはどのようなことが要因となるのでしょうか。
A： 商取引に関連して企業間で授受される信用を企業間信用といいます。商品やサービスの受渡し後、一定期間代金の支払を猶予することから発生する売上債権（受取

手形・売掛金）、買入債務（支払手形・買掛金）がそれです。企業間信用は、与信側企業（売上債権を有する企業）にとっては顧客維持と販売促進の機能を持ち、受信側企業（買入債務を有する企業）にとっては金融機関からの借入と同様に、（支払を猶予してもらうという意味で）短期の資金調達手段となります。回転差資金を利用した「ユニクロ」は企業間信用を活用したともいえます。

Q：資金移動表の個々の数値の算出法はとてもわかりやすかったです。ただ、こうした数値の算出が粉飾を暴くためのように思われました。融資判断のためにはいつも疑いの目を持つという姿勢に見えたのですが。
A：粉飾を暴くためというよりも、融資の安全性の原則などからすれば、粉飾した財務諸表に基づいて融資判断を下すわけにはいかないので、まず、そのリスクを排除するというスタンスに立つわけです。

Q：実質赤字というのは、黒字倒産と同じことになるのですか。
A：同じとは限りません。資金調達力があれば企業は倒産しないからです。つまり、実質赤字でも金融機関が支援（融資）を続ければ倒産はしません。ただ、実質赤字、実質債務超過の状態の企業の評価は当然低くなります。

Q：資本が少ないというのは資本金の額が小さいことと同じと考えていいのでしょうか。
A：そういうこともありますが、過去の利益の蓄積である内部留保が少ない場合、繰越損失がある場合もあります。

Q：期末商品棚卸高が増えれば、商品の売上が減少し、総利益も減少するように思えるのですが、どうなのでしょうか。
A：「期末商品棚卸高の増加」と「商品の売上の減少」との間に因果関係はありません。

Q：インタレスト・カバレッジ・レシオが高いことは、金利負担能力が高いことですが、金利負担能力が高いということは、具体的にどのような意味なのかわかりませんでした。
A：金利負担能力が高いということは、新たに融資をしても、その金利支払のために赤字になりにくい、金利が上昇しても赤字になりにくい、など金融機関側から見て安全性が高いということになります。

Q：固定長期適合率とは何を示すものなのかがわかりませんでした。
A：固定資産は長期にわたって利用され、投下資本の回収も減価償却を通じて長期で回収されます。そのため、その調達は返済負担のない自己資本によって成されることが望ましいと考えられます。そうした観点から、固定資産投資が自己資本によってどの程度まかなわれているかをみる比率が固定比率で、理想としては100％以下が望ましいとされます。
　　しかし、間接金融中心の中小企業の場合、（過少資本のため）固定比率が100％以下となる例はまれです。そこで、固定負債を長期安定資本として自己資本に加え、これと固定負債への投資額とのバランスをみるのが固定長期適合率です。

Q：短期的な利益と長期的なスパンでの利益は、どちらを優先すべきなのでしょうか。
A：これは一概にはいえません。企業（経営者）の価値観によっても変わってくるで

しょう。「ユニクロ」の柳井正会長兼社長は、2010年に売上高1兆円達成の目標を掲げて2005年から陣頭指揮を執っています。期間的にみれば長期的ですが、目標達成スピードからすれば、かなり性急なペースです。結局、「企業の目的によって、どちらを選択するか決めるべき」ことだと思います。

Q： 損益分岐点の分析にあたって、業種によってそれぞれの費用が固定費なのか変動費なのかというのは変わってくるのでしょうか。とすると、財務分析による比較が純粋にできなくなるのではないかと思いました。
A： 一般の小売業ならば、簡便法で水道光熱費などを含む販管費を固定費とする考え方もあります。またラーメン屋のような飲食店の場合、厳密には水道費は変動費とするべきかもしれませんが、簡便法と割り切って固定費に入れてかまわないと思います。「財務分析による比較が純粋にできなくなる」という点ですが、純粋な（完璧な）比較分析はそもそも不可能です。

Q： 企業の財務諸表を見ると、すごく数字を伸ばす時期も、低迷状態の時期もあります。こうしたばらつき、変化が激しい企業からの融資の申込に対して、金融機関はどのように対応するのでしょうか。
A： 証券投資の世界では、リスクをばらつき、つまり分散や標準偏差で測ります。融資判断においても同様で、ばらつきの大きい企業に対してはそれなりのリスクプレミアム（超過金利）を要求することになります。企業分析の立場からすれば、なぜばらつきが大きいのかという原因追及がテーマになります。原因としては、損益分岐点が高いなどの財務構造的なこと、企業体質などからは景気変動の影響を受けやすいことなどが考えられます。

Q： 財務諸表の分析において重要なことは、理由付けがしっかりとできるかどうかということだと思います。しっかりとした理由があれば、たとえば流動性バランスが悪くても、決して不健全な企業とはいえません。つまり、財務諸表を見る場合には、なぜそうなるのかという、その企業の情報が必要であると思いました。
A： その通りです。大変しっかりした認識です。

《マーケティング編》

Q：「マーケティング」という言葉は市場における消費者行動論やブランド論の事だと思っていました。この講義では、広義のマーケティングを意味しているということなのでしょうか。
A： 私のいうマーケティングとは「戦略的マーケティング」で、経営戦略と一体化したマーケティング概念です。私がマーケティングという場合、それは経営活動とほぼ等記号で結ばれるニュアンスです。

Q： ダイエーが総資産回転率を高めに維持できるような運用をしていれば、低価格戦略を続けても、倒産は免れた可能性はあったと考えられますか。
A： そもそも仮定の話について、明確な答えは出せません。また、ダイエーに限ったことではありませんが、企業が経営不振に陥る原因は様々なものがあり、一概にはいえません。
　ちなみにダイエーは倒産していません。ダイエーの問題は広い視点で見れば、社会学のテーマにもなると思います。その辺に興味がある方には、『戦後戦記　中内ダイエーと高度経済成長の時代』（佐野眞一編・平凡社）、『カリスマ』上・下（佐野眞

一・新潮文庫）をお薦めします。

Q：ダイエーやイトーヨーカ堂を生産性の観点から分析するとき、いかにしてそのインプットとアウトプットの方向性を見極めることができるのでしょうか。財務諸表から正確に推測できるものなのでしょうか。
A：アナリストの場合、企業経営者に対するインタビューにおいてそうした方向性を聞き取ることができます。信用金庫の場合、経営者との日頃の接触から聞き取ることができます。財務諸表分析でインプットとアウトプットの方向性を推定した上で、質問することもあります。

Q：駅のコンビニ、NEWDAYSのオペレーションの弱さを例に出されましたが、セブン-イレブンや他のコンビニのマネをすればいいんじゃないでしょうか。オペレーションシステムもソフト面のものですか。
A：オペレーションシステムもソフトな側面がありますから、マネをするにもそれなりの能力が必要です。教えてもらってもできないこともあります（人もいます）。「理解は行動を伴う」という言葉もあります。

Q：日露戦争で連合艦隊の東郷司令官が採用した丁字戦法は戦略だと思いますか、戦術だと思いますか。
A：戦い方（how to）ですから戦術です。

Q：一度決めた戦略を、途中で修正することは容易なことなのでしょうか。
A：戦略の質にもよりますが、戦略は基本的に長期的な概念なので、ある程度時間が経過した時点で修正を図るとそれまでに投入した経営資源が無駄になる可能性があると思います。

Q：イトーヨーカ堂は食品部門と衣料・住居部門に大きく分かれていますが、食品以外は不振だと聞いたことがあります。食品部門しか機能していないとするとイトーヨーカ堂はヨークマートとなんら変わらなくなります。果たして多角化する必要があったのかなどと思いました。
A：イトーヨーカ堂のような業態をGMS（General Merchandise Store）といいますが、GMSが必要とされた時代（有効だった時代）がかつてあったのです。今は時代のトレンドが変遷し、その業態の有効性が低下してきたということだと思います。

Q：講義の中でいろいろな書籍を挙げられますが、一番のお薦めはいったいどの本なのでしょうか。
A：講義の内容に沿って、その時の展開に最も適していると思う本をご紹介しています。ジャンルや目的が異なるので、一番のお薦めをこれということはできません。後掲の推薦図書も参考にしてください。

Q：「分析とは、原因となる現象と結果となる現象の関係を明らかにすること」と聞いて、自分のものの見方を振り返ると、客観的事実というよりも主観によった考えになっているなと感じました。
A：主観という言葉をネガティブな意味合いで使用しているのか否かが不明ですが、講義でも申し上げたように、主観よりも客観が優れているということはありません。企業分析や戦略などの意思決定においては、客観的事実を押さえることはもちろん

重要ですが、独断に陥らないように理論や論理を十分に尽くした上で下す決定（判断）は、最終的には主観的なものです。

Q：「市場における競争者のタイプ」の分類は、データによる定量分析で行われるのですか。それとも定性分析で行われることもあるのでしょうか。また、タイプの変動は、年単位はおろか、より短期的に見られると思いますが、現状はどうなのでしょうか。
A：分類は、基本的には定量分析で行われます。また、タイプの変動は業界にもよりますが、年単位以上の長いスパンで実現することが多いと思います。極端な例ですが、ビール業界では、2008年にサントリーがサッポロを抜いて3位に浮上しましたが、これには46年かかりました。

Q：リーダーとフォロワーの違いは、「企業規模＋経営資源」だけなのですか。リーダーは同質化の戦略を採ることが多いということですが、それはリーダーとフォロワーの戦略は同じということなのでしょうか。
A：リーダーとフォロワーの区別は、基本的にはシェアポイントで行いますから、「企業規模＋経営資源」といってもよいと思います。リーダーとフォロワーの戦略は、外形的には結果的に同じようなものになりますが、チャレンジャーの差別化戦略の無力化を図るリーダーの同質化戦略と、自ら創造することを放棄しているフォロワーの模倣とでは意味合いはまったく違います。

Q：小売業の社長にありがちなビジョンが「お客様第一」と「良い物をより安く」というモットーが多いということですが、そんな場面で何かアドバイスや問題点の指摘などはされているのですか。
A：通常の営業活動における会話では、相手に受入準備ができていないのでアドバイスなどはしません（相応の信頼関係ができていれば別ですが）。コンサルティングの場合は、その場ではなく、報告会の場で指摘などをします。

Q：将来のためにも数学は勉強しておいた方がよいのでしょうか。
A：自分が将来にどういうビジョンを描いているかによります。

Q：正月の福袋など、「赤字覚悟」などと打ち出す店をみかけることがありますが、赤字になるのにセールをしたり福袋を売る意味はあるのでしょうか。
A：福袋はいわゆる「ロスリーダー」（おとり商品）で、店舗に顧客を誘引し、他の商品も購入させるための商品です。また赤字覚悟のセールは、陳腐化した（陳腐化してしまう）在庫を現金化するために行うことがあります。

Q：経営者のインタビューにおいて、理念などをきちんと答えられる経営者については、その印象で高評価をしてしまうように思うのですが、そこで独断に陥らないようにするために、相手方が出してきたデータの裏を取ること以外に気をつけることがあれば教えてください。
A：データ以外の裏を取ることです。たとえば、経営者が立派な理念を述べていたら、それについて従業員がどのように感じているかを確認します。

Q：中小企業診断士試験の経済学の分野を市販のテキストを使って勉強しています。その中で経済用語でわからないものがたくさんあります。どのように対処すればよいのでしょうか。

A： 経済学用語辞典を買ってください。

Q： 自分は経営コンサルタントになりたいので毎回楽しみにしています。コンサルティングファームというのは経営コンサルタントが集まってできた組織という解釈で良いのでしょうか。また、どうすれば経営コンサルタントになれるのかがよくわかりません。
A： コンサルティングファームについては、ご認識のとおりで結構です。「どうすれば経営コンサルタントになれるのかがよくわかりません」……これは厳しいですね。こういうことがわからない（調べられない）と、経営コンサルタントにはなれないと思います（笑）。まず、自分で調べて、その上でわからないところがあれば質問してください。ただ、経営コンサルタントは、弁護士や公認会計士のような「要資格業務」ではないので、自分で「経営コンサルタント」を名乗れば、その日から経営コンサルタントになれます。

Q： 分析の仕方はたくさんあるようですが、どの手法を選ぶかは、分析する人次第なのでしょうか。
A： 分析手法は対象となる業種や業態によって、ある程度定型化している部分もありますが、企業の実態によってアレンジを加えることもあり、最終的には分析者の資質・スタンスによると思います。

Q： 低価格、高品質を売りにしている「ユニクロ」に対して、「H＆M」がライバルのようにマスコミで取り上げられました。一方でH＆Mは高価格という感想を持ったのですが、その辺はどう思いますか。
A： 価格帯は明らかにH＆Mの方が高いと思いますが、ファッション性も同様に「ユニクロ」よりも高いでしょう。ただ、コム・デ・ギャルソンと提携するなど、ファッション性に応じた価値観（価格）を提示していると思います。また、銀座、原宿、渋谷など店舗ごとに品揃えのコンセプト（マーチャンダイジング）を変えるなど、基本的には「金太郎飴」の「ユニクロ」とは違いがありますね。

Q：「ユニクロ」は日本ではとても人気がありますが、海外ではなかなか浸透しにくいというような話を聞いたことがあります。なぜだと思いますか。
A：「ユニクロ」というブランドが海外で十分に浸透していないからだと思います。浸透していないから売上が伸びない、伸びないから浸透しないとなると、ディレンマになってしまいますが、結局、「ユニクロ」自体が世界市場では後発だということだと思います。

Q： googleは情報を整理した点で評価されました。今後、人間にも情報整理の能力は必要とされると思われますか。
A： もちろん必要です。コンピュータなど存在しなかった古代から、人間には情報整理の能力が必要でした。

Q： 戦略がいくら将来有望で大きな利益をもたらすとしても、企業の理念に反する場合には、やはりその戦略をあきらめるしかないのでしょうか。
A： あきらめるか否かは、その経営者の規範意識の問題だと思います。企業分析の立場からすれば、理念に反する戦略は「整合性に欠ける」という判断になります。

Q： 競争者のタイプ・「後出しジャンケン」に関連して、後発者が市場で優位に立て

るのは、もともとのタイプがリーダーであって、フォロワーでは厳しいのかと思いました。
A：いい指摘です。そもそも先発しないからフォロワーであるともいえるのですが。

Q：「強・弱・良・悪」のマトリクスについて、詳しく教えてください。
A：「強・弱・良・悪」のマトリクスについては、他にもいくつか質問がありました。これは、企業のポジショニングを見るために使うもので、強いからいいとか、良いからいいとか、弱い、悪いから融資はできないという判断に使うものではありません。分析という作業は対象（企業）を大きな視点で捉えて、次第に細部の目を向けていくべきで、そのための手法のひとつ、考え方としてこのマトリクスがあると考えてください。悪いとわかっていて融資する場合もあります。問題なのは良いか悪いかわからずに融資することです。

また、「悪」は「弱」と同じではないかという意見もありましたが、そう考えるなら、それを第三者に対して説得力があるレベルまで磨いていけばよいと思います。私が教えているのは公理や定理ではなく、一部理論を含んだ広く社会科学における考え方です。唯一絶対というものではないので、皆さんがそれを応用することはかまいません。

「悪」は販売力（成長性）もパフォーマンスを悪いという意味で「悪」としています。これに対して「弱」は一応の販売力は示しています。ただ、パフォーマンスが悪いということは、結果が出せていないという意味で弱としたわけです。

Q：戦略の評価や中期計画など企業のソフトな面の評価というのは、ある程度経験を経ないとより良い判断をすることができないのでしょうか。過去の事例などのケースワークである程度、擬似的に経験を重ねることはできると思いますが、経験が重要であれば、たとえば、どの部分に注意することでより効率的な判断へとつながることができるのでしょうか。
A：どんな分野においても経験の重要性は変りありませんが、経験量は個人の力でコントロールすることが難しい面がありますから、理論・知識を幅広くことで学ぶことで、未経験の事例に対する対応力を身につけることができると思います。経験を重視するならば、理論・知識を積極的に摂取することが、結局は効率的だということです。

Q：ＡＢＣ分析などは金融機関では頻繁に行われているのでしょうか。
A：昨年も同様の質問がありましたが、私が紹介するような分析、特にマーケティング分析などが、地域金融機関の現場で日常的に行われているわけではありません。私の講義は一種のあるべき論（理想論）です。

《融資の基礎知識編・その他》

Q：「無借金経営」を売りにしていた企業を雑誌で見たことがあります。これはまったく融資を受けていないという意味だったのでしょうか。
A：借入金のほか、社債などの負債がまったくない場合、「無借金経営」といいますが、金融機関からの借入金があっても、それを上回る現金預金を保有している場合、事実上の「無借金経営」という場合もあります。

Q：大企業と中小企業を分ける定義はありますか
A：中小企業基本法があります。

Q：中小企業とベンチャー企業には何か明確な区分があるのでしょうか。
A：中小企業のうち、創造力・開発力をもとに新製品・新技術や新しい業態などの新機軸を実施するために創設される企業をベンチャー企業といいます。ちなみにベンチャービジネス（venture business）という表現は和製英語です。

Q：フランチャイズと直営店の違いを、教えてください。
A：直営店は、企業が店舗展開を進めていくうえで、自社の社員などの経営資源を利用して展開していくものです。フランチャイズ、正確にはフランチャイズ・チェーン（franchise chain）は、本部であるフランチャイザー（franchiser）が、加盟店であるフランチャイジー（franchisee）に一定地域内で特定事業を行う権利と、経営・販売に関わる技術・ノウハウを提供し、加盟店はそれに対して一定の手数料（ロイヤリティ、フィー）を支払うしくみです。フランチャイザー（本部）にとっては、限られた経営資源でも急速な事業拡大が可能にできるメリットがあり、フランチャイジーにとっては、その事業に関する経験・知識がなくても参入が可能になるというメリットがあります。コンビニエンス・ストアがその代表例です。
　日本のフランチャイズ・チェーンは、システムやノウハウ、ブランドの提供ではなく、食材の提供にとどまっていることも多く、フランチャイジーが脱退する例も少なくありません。ラーメン屋など飲食店で、元チェーン店の店舗が店名やメニューを変えて営業しているのを見かけませんか。

Q：金融機関で融資を行う際に、個人の好みが反映されるほど職員に権限、自由が与えられているのでしょうか。
A：与えられていません。融資のフローをごく簡単に説明すると、「案件の取り上げ（融資担当者が顧客との話し合いを経て、金融機関の内部向けに融資したい案件について資料を作る）→実行可否判断（融資担当者の作成した資料をもとに、判断権限のある部署・責任者が当該顧客に対して融資を行ってよいかどうか最終的な判断をする）→融資実行（顧客にお金を貸す）」となります。権限・自由の度合いはもちろん金融機関によって違いますが、融資には必ず複数人の判断が必要となります。1人の担当者が融資をする、しないの権限・自由を持っていることはありません。ただし融資案件を取り上げる段階では個人の好み（融資担当者の融資に関する考え方）がある程度反映される場合もあります。

Q：金融機関の融資判断は、企業の財務指標などから機械的に決定されるというイメージを漠然と持っていました。実際には金融機関もしくは個人によって違うようなのでイメージが変わりました。もし、機械的に決まるのであれば、すべての金融機関が同じになってしまうということなので、当り前のことなのかもしれませんが、見落としていました。
A：その通りです。

Q：社債、株式、有価証券の違いを教えてください。
A：社債（corporate bond）は、長期資金調達を目的として企業が発行する債券です。貸借対照表上は固定負債に記載されます。株式（stock,share）は株式会社の資本の所有者である株主の持分で、株券そのものを株式ということもあります。ちなみに上場企業の株券は2009年1月から電子化され券面の発行されない有価証券という取扱いになっています。有価証券とは、私法上の財産権を表示する証券で、その権利の移転が証券によってなされるべきものという定義になります。手形・小切手・商品券などが代表で、株券も債券（社債）も有価証券に該当します。

Q： 社債の説明を聞いて、便利な資金調達方法だと思いました。社債を活用すれば、わざわざ銀行などの金融機関からお金を借りる必要はないのではと思うのですが。
A： 法的・理論的にはどんな企業でも社債を発行することができますが、信用力が低い企業が社債を発行しても引き受ける相手がいません。現実的には一定の規模、水準に達した企業しか社債は発行できません。多くの中小企業にとっては銀行などの金融機関から借入するほうが簡単なのです。

Q： 金融機関の企業分析においては、財務分析（のウエイト）が90％と非常に高いということですが、なぜ、マーケティングの方も重視できないのでしょうか。やはり、数字（財務分析）が絶対だからでしょうか。
A： 担保や保証に依存していた時代は、財務分析で安全性などを確認していればよかったため、マーケティングなど定性部分を重視する必要がなかったのです。しかし、リレーションシップバンキングの時代においては、担保や保証に過度に依存しない融資姿勢が求められるため、マーケティング分析が必要になってきたのです。この講義もそれを前提に進めています。

Q： 定量分析と定性分析はまったく種類が違うもので、分析する人のスキルも、求められるものも違う気がします。1人で両方を担うのも楽しいのかもしれませんが、分析によって人を分ければ効率的にはならないのでしょうか。
A： 定量分析と定性分析を複数の人間が分担するのは現実的ではありません。融資判断は総合判断ですから、分担して分析しても、最終的には融合しなければならず、結局、綿密な打合せが必要になるからです。個人的には企業分析（企業評価）のような知的な行為は共同作業には向かないと思います。書籍や論文の共同執筆も何度か経験しましたが、うまくいったという記憶はあまりありません。コンサルティングにおいては、チームを組んで作業することは多々ありますがこの場合はリーダーに相当の力量が要求されます。

Q： 論理的な理由はなくても、その人の長年の経験による感覚によって融資判断を行うことは絶対にないのでしょうか。
A： 絶対にないとはいえません。人によっては、感覚というよりも「多分大丈夫だろう」といった認識で仕事をしている人もいると思います。また企業の内容が悪いとわかっていても、現時点では倒産させるわけにはいかないなどの理由で融資する場合もあります。研修などでよく話すのは、良い企業か悪い企業かを認識したうえで融資をすること、つまり良いか悪いかわからないまま融資してはいけないということです。悪いとわかって融資するのと、良いか悪いかわからないまま融資するのでは、同じ融資資金でも意味がまったく違うということを強調します。

Q： 融資の返済財源にはどんなものがありますか。企業が提示する返済財源の安全性（確実に財源確保ができるかどうか）はどう判断するのですか。
A： 返済財源としては販売代金の回収が一番ポピュラーです。確実に財源を確保することはできません。確実というのは100％の意味ですから。財務分析の結果などから粉飾をしていないかとか、日頃の「取引振り」から信用ができるかどうかなど広い意味でのリレーションシップで総合的に判断します。建設業などの場合は、受注している工事の明細を出してもらい、実際に工事をしているかどうかを可能な限り確認にいきます。

Q： 大手銀行がロットの小さい融資には消極的になるというのはどういう意味でしょ

うか。
A：300万円の融資でも3億円の融資でも事務処理にかかるコストはあまり変わりません。融資金額の大小は一般的に企業の規模によって決まるので、コストが同じならば相対的に大きな金額、大きな企業への融資の方が効率的ということになります。大手銀行にとってロットが合わないといったのはそういう意味です。
　そうした事情に加えて、大きな企業の方が安定感もあるので、大手銀行は相対的に大きな企業との取引を好みます。そのため、中小企業は金融取引において不利な立場に置かれることになりかねません。そもそも信用金庫や信用組合などの中小企業専門金融機関が存在する理由がここにあります。

Q：何かの事象を理論的に分解するということは、先生のおっしゃる「一般化」と同義なのですか。また数ある例を既存の知識（フレームワーク）に当てはめるときに使うツールが理論ということですか。
A：ある結果を、すべての場合に適用できるように広げることを一般化（する）といいます。理論とは、個々の事実や認識を統一的に説明することのできる普遍性をもつ体系的知識のことをいいます。……この程度のことは辞書を引きましょう。

Q：財務指標だけでなく、その人の人柄が良いなどで融資判断をしたりすることはありますか。
A：基本的にはありません。そもそも「人柄が良い」とはどういうことかが不明です。ただし、明らかに「人柄が悪い」と消極的になることはあります。

Q：返済能力がとても微妙な企業には融資はどうしてますか。
A：個別対応なので一概には答えられません。また、「とても微妙」といった散文的表現もこういった質問にはふさわしくありません。

Q：銀行取引停止処分後に信用を取り戻し、取引を再開させることができた企業がどのくらいあるのでしょうか。
A：実数はわかりませんが、ごく少数だと思います。

Q：経営戦略（マーケティング）、財務分析などに関して勉強を続けていくにあたって、参考になる本を教えてください。
A：順不同です。絶版のものもあると思います。
・『現代の経営』上・下（P・F・ドラッカー・ダイヤモンド社）
　……「経営学の父」といわれるドラッカーの代表的著作です。
・『コトラー　マーケティング・マネジメント（第7版）』（フィリップ・コトラー・プレジデント社）
　……「マーケティングの神様」と呼ばれるコトラーの代表作です。
・『コトラーの戦略的マーケティング』（フィリップ・コトラー・ダイヤモンド社）
　……『マーケティング・マネジメント』はコトラーの代表的著作ですが、研究者向けという側面もあるため、理論的な色彩が濃くなっています。その点、この本は経営幹部向けのセミナーが基になっているので、こちらのほうが読みやすいかもしれません。
・『現代マーケティング』新版（嶋口充輝、石井淳蔵・有斐閣）
　……私が2冊目に読んだマーケティングの本で、マーケティングの概念を経営戦略論にまで拡張する戦略的マーケティングについて書かれた本です。私にとってマーケティングの底本となっている本です。

- 『はじめての経営学』（森川英正・有斐閣）
    - ……大学１・２年生を対象にしている本で、構成に工夫があって読みやすい本です。たとえば、指導者を論じるのにプロ野球の監督を素材にしたり、新田次郎の小説『八甲田山死の彷徨』を取り上げており、読者の興味を引こうという配慮があります。
- 『経営管理』（野中郁次郎・日経文庫）
    - ……『はじめての経営学』と同じく『八甲田山死の彷徨』をテキストに、リーダーシップの状況適合理論の事例研究を行っている本です。Ｘ理論、Ｙ理論などの基本的な理論や概念も紹介している基本書です。
- 『成毛眞のマーケティング辻説法』（成毛眞と日経MJ・日経ビジネス人文庫）
- 『新世代ビジネス、知っておきたい四賢人版マーケティングの心得』（成毛眞・文春文庫）
    - ……成毛氏はマイクロソフト日本法人社長だった方で、マーケティングの理論をきちんと踏まえて実務を論じることができる人です。吉野家の安部修仁氏、「ユニクロ」の柳井正氏とともに私の好きな経営者です。前者は「日経流通新聞」が「日経MJ（マーケティング・ジャーナル）」としてリニューアルした際に連載されたインタビューを基にした本です。後者は成毛氏が軍事評論家、大学教授、精神科医、元通産省官僚に話を聞くという体裁の本です。
- 『吉野家の経済学』（安部修仁、伊藤元重・日経ビジネス人文庫）
    - ……前述の安部氏がマーケティングに強い経済学者（東大大学院教授）の伊藤氏と対談している本です。
- 『失敗の本質』（野中郁次郎他・中公文庫）
    - ……太平洋戦争における日本軍をテーマに、戦史への社会科学的アプローチ（組織論的研究）を試みた本です。自衛隊（防衛大学校？）が毎年大量に購入するそうです。
- 『ストラテジック・マインド』（大前研一・新潮文庫）
    - ……大前氏は、コンサルタント会社、マッキンゼーアンドカンパニーの日本支社長、日本法人会長などを歴任した方です。大前氏が英語で書いたものを別の人が日本語に訳したもので、戦略的な思考について書かれたものです。
- 『タテ社会の人間関係』（中根千枝・講談社現代新書）
    - ……日本的社会構造を「単一社会の理論」によって論じるロングセラーです。
- 『ラインとスタッフ』（山田雄一・講談社現代新書）
    - ……組織構造をラインとスタッフという２つの機能から論じています。読みやすい本です。
- 『坂の上の雲』１〜８（司馬遼太郎・文春文庫）
    - ……有名な歴史小説ですが、私は戦略論、組織論のテキストとして何度も読みました。そうした観点から本書を読むと戦略と戦術の違い、ラインとスタッフの関係など組織論の事例としておもしろく読めると思います。

以下は、もっとファンダメンタルな技術、手法などに関する本です。
- 『ロッキード裁判批判を斬る』１〜３（立花隆・朝日文庫）
    - ……論理的な思考力を身につけるために。
- 『田中角栄研究　全記録』上・下（立花隆・講談社文庫）
    - ……調査の技術について。
- 『知のソフトウェア』（立花隆・講談社現代新書）
    - ……情報整理、表現について。
- 『論文の書き方』（清水幾太郎・岩波新書）
- 『論文をどう書くか』（佐藤忠男・講談社現代新書）

……何をどう書くか。
・『社会科学入門』（猪口孝・中公新書）
　　　……ファンダメンタルな能力を身につけるための入門書。
・『反対尋問』（F・ウェルマン・旺文社文庫）
　　　……インタビューの技術。
・『財務分析のための実践財務諸表の見方』（大野敏男、牧野明弘・経済法令研究会）
・『財務分析の実践活用法』（大野敏男、牧野明弘・経済法令研究会）
　　　……財務分析に関して。

終わりに──学習の目的を明確に

　財務分析を学ぶために、簿記から勉強を始めるという人がよくいます。大学における講義でもそう考える学生の方がたくさんいました。まじめで熱心な人ほど、そういう傾向があるようです。社会人として簿記の知識はもちろん無駄にはなりませんが、簿記をいくら勉強しても財務分析の能力は高まりません。たとえば、税理士試験の簿記論や日商簿記１級の試験に合格しても、代表的な財務分析指標である流動比率の知識を身につけることさえできません。財務分析能力を高めるために簿記の勉強をすることは、目的に対して手段が整合的でないのです（目的に対して整合的な手段を選択することも、本書において強調したいことのひとつです）。

　パソコンの使い方がわからないからといって、パソコン内部の回路設計やアッセンブリーから学ぶ人はいません。同様に、財務諸表の読み方を学ぶなら、財務諸表の作り方（簿記）ではなく、完成された財務諸表の仕組み・構造を理解した上で、その読み方を学ぶべきだというのが私のスタンスです。将来、企業の経理部門で働きたい方、現在、経理部門に属している方は簿記を勉強するべきですし、それ以外の方でも時間に余裕がある人は簿記を勉強してもよいと思います。ただ、目的と手段の選択を間違わないように注意する必要があります。自分の目的は財務諸表の作り方を学ぶことなのか、財務諸表の読み方を習得することなのか、十分に意識して手段を選択するべきだと思います。繰り返しますが、目的が後者であれば、簿記を学ぶことは手段として整合的ではありません。そして、何のために財務諸表を読むのかという最終目的も明確にしておく必要があります。本書の目的は"はじめに"に明記した通りです。

横浜市立大学における講義を「書籍にしましょう」と提案してくれたのは、編集担当の西牟田隼人氏です。以来、何度も聴講して、講義録を原稿にするにあたって的確なアドバイスをしてくれました。多くの書籍と同様に、本書も著者と編集者との共同作品です。同氏に厚くお礼申し上げます。

　本書は私にとって3冊目の単独執筆の書籍となります。1・2冊目の刊行のきっかけを作ってくれたのは、勤務先の同僚である末木三郎氏です。1冊目の時、彼は横浜信用金庫の本牧支店長でした。2冊目の時は同金庫総合企画部副部長でした。3冊目となる、この書籍を発行する時点では理事・総合企画部長になっています（もはや同僚ではなく上司です）。2冊目の前書きに、彼のことを「出世魚のような人」と書きましたが、今回もそのジンクスをキープしています。彼がさらに出世できるように、4冊目の書籍を早く上梓したいと思います。

2009年6月

中島　久

《引用・参考文献等》

― 書　籍 ―

- 伊丹敬之・加護野忠男『ゼミナール経営学入門』日本経済新聞社（1993 年）
- 井原久光『ケースで学ぶマーケティング』ミネルヴァ書房（2005 年）
- 尾内正道監修、里吉勝巳著『渉外マンのための財務分析に強くなる本 新版』（金融ブックス（2005 年）
- 久田友彦『中小企業財務の見方超入門』銀行研修社（1997 年）
- 久田友輝『融資業務超入門』銀行研修社（1997 年）
- 嶋口充輝『顧客満足型マーケティングの構図』有斐閣（1994 年）
- 嶋口充輝・石井淳蔵『現代マーケティング 新版』有斐閣（1995 年）
- 嶋口充輝・石井淳蔵・栗木契・余田拓郎『ゼミナール マーケティング入門』日本経済新聞社（2004 年）
- 渉外スキルアップ研究会編『スキルアップ法人融資渉外』経済法令研究会（1998 年）
- 住谷宏編著『地域金融機関のサービスマーケティング』近代セールス社（2006 年）
- 出牛正芳編著『基本マーケティング用語辞典』白桃書房（1995 年）
- 玉城芳治『マーケティング分析』同友館（1990 年）
- 中沢恵・池田和明『キャッシュフロー経営入門』日経文庫（1998 年）
- 中島久『融資審査と定性分析』銀行研修社（2002 年）
- 中島久『キーワードで学ぶ企業分析』銀行研修社（2005 年）
- 中島久・八代恭一郎・金指光伸『企業評価の目利き術』経済法令研究会（2004 年）
- 日本証券アナリスト協会編、徳増佛洪・阿部大輔・力丸洋著『証券アナリストのための企業分析 第 2 版』東洋経済新報社（1997 年）
- 日本証券アナリスト協会編『基本証券分析用語辞典 新訂版』白桃書房（1992 年）
- 花岡幸子『キャッシュフロー計算書から読み解く経営分析』かんき出版（1999 年）
- 平澤英夫『新訂 財務諸表分析』日本経済評論社（1984 年）
- 松岡真宏『小売業の最適戦略』日本経済新聞社（1998 年）
- 松田修一『ビジネス・ゼミナール　会社の読み方入門』日本経済新聞社（1999 年）
- 松田千恵子『格付けはなぜ下がるのか？』日経 BP 社（2002 年）
- 松村劭『戦争学』文春新書（1998 年）
- 森脇彬『経営分析実務相談 新訂版』税務研究会出版局（1997 年）
- 安本隆晴『『ユニクロ』！ 監査役実録』ダイヤモンド社（1999 年）
- 和田充夫・恩蔵直人・三浦俊彦『マーケティング戦略 新版』有斐閣（2000 年）
- 和田充夫・日本マーケティング協会編『マーケティング用語辞典』日経文庫（2005 年）
- ティーハ・フォン・ギーツィー、ボルコ・フォン・アーティンガー、クリストファー・バスフォード編 ボストン・コンサルティング・グループ訳『クラウゼヴィッツの戦略思考』ダイヤモンド社（2002 年）
- フィリップ・コトラー著　村田昭治監修、小坂恕・疋田聰・三村優美子訳『マーケティング・マネジメント（第 7 版）』プレジデント社（1996 年）
- フィリップ・コトラー著　木村達也訳『コトラーの戦略的マーケティング』ダイヤモンド社（2000 年）
- マイケル・E・ポーター著　土岐坤・中辻萬治・服部照夫訳『新訂　競争の戦略』ダイヤモンド社（1995 年）
- マイケル・ウォードル著　垣原高夫・笠原皓司訳『オックスフォード数学ミニ辞典』講談社（1997 年）
- Kotler,Philip『Marketing Management,The Millennium Edition』Prentice Hall International,Inc. 2000

― 雑誌・論文等 ―

- 雨宮拓也『取引赤信号』「リテールバンキング」経済法令研究会（1996/04 〜 1997/03）
- 中島久『キャッシュフロー経営って何？』「リテールバンキング」経済法令研究会（1999/04）
- 中島久『金融マンのための財務・マーケティング講座』「銀行実務」銀行研修社（2001/09 〜 2003/09）

《著者紹介》

中島 久（なかじま ひさし）

1954年横浜生まれ。中小企業診断士・社団法人日本証券アナリスト協会検定会員。
1977年明治大学法学部卒業。同年横浜信用金庫入庫。営業店勤務、経営相談部門、ALM担当などを経て、現在、総合企画部上級専門役。横浜市立大学・関東学院大学非常勤講師。

【著　書】
・『融資審査と定性分析』（銀行研修社）
・『キーワードで学ぶ企業分析』（銀行研修社）
・『企業評価の目利き術』（共著、経済法令研究会）
・『実践！中小企業支援マニュアル』（共著、社団法人全国信用金庫協会）
・『「売れる仕組み」のつくり方』（金融財政事情研究会）　その他

【論文等】
・『コミュニティバンクの中期戦略』（『2010年の金融機関』所収・日本金融通信社）
・『商店診断における情報活用の研究』（共著、中小企業事業団・現 中小企業基盤整備機構）
その他雑誌論文多数

【企画編集】
・『横浜ルネサンス』（ダイヤモンド社）

【講師等実績】
・国民生活金融公庫融資担当者、日本銀行金融広報委員会セミナー
・中小企業大学校東京校「中小企業診断士養成過程」、中小企業大学校関西校
・横浜市立大学商学部・国際総合科学部、神奈川大学経済学部
・全国信用金庫研修所「目利き研修」「広報戦略研究会」「次世代リーダー育成講座」
・全国信用金庫協会「企業支援・企業再生研究会」委員、「サービス提供モデル・ワーキンググループ」委員、月刊『販促会議』プロモーションプランコンテスト審査員　その他

財務分析と定性分析による
入門！企業分析の手法と考え方

2009年7月30日　初版第1刷発行	著　　者	中　島　　久
2009年11月1日　　　第2刷発行	発　行　者	金　子　幸　司
2012年11月10日　　　第3刷発行	発　行　所	㈱経済法令研究会

〒162-8421　東京都新宿区市谷本村町3-21
電話 代表03-3267-4811　制作03-3267-4823

〈検印省略〉

営業所／東京 03(3267)4812　大阪 06(6261)2911　名古屋 052(332)3511　福岡 092(411)0805

カバーデザイン／有限会社 DO RISE　制作／八重樫純生　印刷／㈱日本制作センター

©Hisashi Nakajima 2012　Printed in Japan　　　　　　　　ISBN 978-4-7668-3145-0

"経済法令グループメールマガジン"配信ご登録のお勧め
当社グループが取り扱う書籍、通信講座、セミナー、検定試験情報等、皆様にお役立ていただける情報をお届け致します。下記ホームページのトップ画面からご登録いただけます。
☆　経済法令研究会　　http://www.khk.co.jp/　☆

定価はカバーに表示してあります。無断複製・転用等を禁じます。落丁・乱丁本はお取替えします。